A DESORDEM
A ARTE DE PENSAR COM A PRÓPRIA CABEÇA

Editora Appris Ltda.
1.ª Edição - Copyright© 2021 do autor
Direitos de Edição Reservados à Editora Appris Ltda.

Nenhuma parte desta obra poderá ser utilizada indevidamente, sem estar de acordo com a Lei nº 9.610/98. Se incorreções forem encontradas, serão de exclusiva responsabilidade de seus organizadores. Foi realizado o Depósito Legal na Fundação Biblioteca Nacional, de acordo com as Leis nos 10.994, de 14/12/2004, e 12.192, de 14/01/2010.

Catalogação na Fonte
Elaborado por: Josefina A. S. Guedes
Bibliotecária CRB 9/870

F363d
2021
	Fernandes, Samuel Capelozzi Delmonte
	   A desordem : a arte de pensar com a própria cabeça / Samuel Capelozzi Delmonte Fernandes. - 1. ed. - Curitiba : Appris, 2021.
	   101 p. ; 21 cm.
	
	   Inclui bibliografia.
	   ISBN 978-65-250-0360-3
	
	   1. Ensaios brasileiros. 2. Aforismos. 3. Epigramas. I. Título.
	
	                                                          CDD – 869.4

Livro de acordo com a normalização técnica da ABNT

Appris
editora

Editora e Livraria Appris Ltda.
Av. Manoel Ribas, 2265 – Mercês
Curitiba/PR – CEP: 80810-002
Tel. (41) 3156 - 4731
www.editoraappris.com.br

Printed in Brazil
Impresso no Brasil

Samuel Delmonte

A DESORDEM
A ARTE DE PENSAR COM A PRÓPRIA CABEÇA

FICHA TÉCNICA

EDITORIAL
Augusto V. de A. Coelho
Marli Caetano
Sara C. de Andrade Coelho

COMITÊ EDITORIAL
Andréa Barbosa Gouveia (UFPR)
Jacques de Lima Ferreira (UP)
Marilda Aparecida Behrens (PUCPR)
Ana El Achkar (UNIVERSO/RJ)
Conrado Moreira Mendes (PUC-MG)
Eliete Correia dos Santos (UEPB)
Fabiano Santos (UERJ/IESP)
Francinete Fernandes de Sousa (UEPB)
Francisco Carlos Duarte (PUCPR)
Francisco de Assis (Fiam-Faam, SP, Brasil)
Juliana Reichert Assunção Tonelli (UEL)
Maria Aparecida Barbosa (USP)
Maria Helena Zamora (PUC-Rio)
Maria Margarida de Andrade (Umack)
Roque Ismael da Costa Güllich (UFFS)
Toni Reis (UFPR)
Valdomiro de Oliveira (UFPR)
Valério Brusamolin (IFPR)

ASSESSORIA EDITORIAL
Alana Cabral

REVISÃO
Pâmela Isabel Oliveira

PRODUÇÃO EDITORIAL
Juliane Scoton

DIAGRAMAÇÃO
Jhonny Alves dos Reis

CAPA
Sheila Alves

COMUNICAÇÃO
Carlos Eduardo Pereira
Débora Nazário
Karla Pipolo Olegário

LIVRARIAS E EVENTOS
Estevão Misael

GERÊNCIA DE FINANÇAS
Selma Maria Fernandes do Valle

COORDENADORA COMERCIAL
Silvana Vicente

Dedico este livro a meu avô, pelo exemplo de integridade, a qual manifestou enquanto viveu.

Dedico também a meu pai, cuja personalidade singular foi minha maior inspiração; lamento pelo fato de ele não haver vivido o bastante para comigo desfrutar deste momento.

Por fim, dedico a minha mãe, cujos esforços para me manter vivo impossibilitam que os fonemas traduzam semelhante ato.

AGRADECIMENTOS

Agradeço a todos os autores cujas obras pude conhecer. Vivos ou não, todos eles estiveram comigo enquanto lia os seus livros.

Sinto-me na obrigação de manter as ideias desses autores vivas e de transmiti-las adiante; compromisso que também motivou meu desejo de escrever.

Infelizmente, não viverei o bastante para ler todos os livros que já estão na minha estante.

Não basta apreciar a beleza de um jardim,
sem ter que imaginar que há fadas nele?

(Douglas Adams)

APRESENTAÇÃO

É-nos ensinado desde o começo a servir e obedecer. Não nos são dadas muitas opções de escolha, e antes que atinjamos uma maturidade que possibilite a aptidão necessária para escolher por nós mesmos, já nos impuseram o adoecimento intelectual transmitido por dogmas étnicos, sociais, religiosos, esportivos (futebol, por exemplo), sem nenhuma liberdade de escolha. E, para isso, são utilizadas eficientes estratégias de aprisionamento do que já está preestabelecido, tais como: o medo, a possibilidade de punição iminente e a recompensa pela servidão materializada na promessa da redenção com base na salvação final. Infelizmente, são poucos os que se rebelam intelectualmente e se libertam dessas estratégias de controle.

Acredito que os rebeldes, assim como eu, podem fazer a diferença e, talvez, atenuar, de alguma forma, os sofrimentos e as angústias, que invariavelmente geram-se nos sinuosos caminhos desta vida, trilhados com passos torpes e que já começa com a decretação do fracasso final; e quanto a isso, não se preocupem, pois ninguém escapará.

Os ensaios que se seguirão desconstroem tudo isso; eu diria que são simplesmente o contrário. Não há necessidade de convicções dogmáticas para, sobre um assunto, refletir, sintetizar e emitir uma opinião sincera e original.

A Desordem possui 30 ensaios independentes entre si, cada um com começo, meio e fim, e todos eles resultam em uma opinião singular a respeito de cada assunto. Essas minhas opiniões são refutadas na contemplação e na interpretação que tenho da realidade, concatenadas com o repertório que construí no decorrer da minha vida. É, portanto, esta obra um resumo do conhecimento que adquiri até este exato momento.

SUMÁRIO

INTRODUÇÃO 16

1 - O MONÓLOGO DA RAZÃO 17

2 - SOBRE A MANIPULAÇÃO DE MARIONETES 19

3 - A SANTA CRUELDADE 21

4 - SOBRE O DIA SEM AMANHÃ
(Um relato sobre o Crack) 23

5 - SOBRE A CONQUISTA DOS DIREITOS 25

6 - DETERMINANDO A ALEATORIDADE 27

7 - NO QUE ACREDITO 29

8 - SOBRE O FUTURO QUE NOS É IMPOSTO
(Reflexões sobre o princípio antrópico) 31

9 - O MONÓLOGO DA HIPOCRISIA 33

10 - A LUZ DE CADA NOVO DIA 35

11 - SOBRE A NATUREZA ELEGANTE 37

12 - O MONÓLOGO DO DESESPERO 39

13 - O MANIFESTO DA RAZÃO 41

14.1 - SOBRE AS MINORIAS
PARTE I – OS DETENTORES DA POBREZA 43

14.2 - PARTE II – SOBRE O "FALSO RACISMO"....................................45

14.3 - PARTE III – SOBRE JUDEUS, ALEMÃES E JAPONESES 47

15 - SOBRE OS ÚLTIMOS 90 MINUTOS...49

16 - E, NOVAMENTE, VIVEMOS A DITADURA....................................51

17 - POR QUE SOU ATEU...53

18 - A EPISTEMOLOGIA DA ÉTICA E DA MORAL
(Reflexões de um errante)..55

19 - REFLEXÕES SOBRE A LOUCURA...57

20 - O MONÓLOGO DO DELÍRIO...59

21 - POR QUE ESTAMOS AQUI?..60

22 - REFLEXÕES SOBRE A IMORTALIDADE..62

23.1 - DIANTE DO NADA
PARTE I – NÃO HÁ MÉRITO NA CRISTANDADE............................64

23.2 - PARTE II – SOBRE AS LEIS DA VERDADE.................................66

23.3 - PARTE III – O INÍCIO E O ANTES...68

24 - FÉ: O CRUEL RETRATO DA MISÉRIA HUMANA.........................70

25 - REFLEXÕES TARDIAS SOBRE O FEDERALISMO.........................72

26 - SOBRE DEUSES FRUSTRADOS (ENSAIO SOBRE A SUBJETIVIDADE)............74

27.1 - REFUTAÇÕES MATEMÁTICAS À FILOSOFIA DE SCHOPENHAUER
PARTE I – INTRODUÇÃO............76

27.2 - PARTE II – AS REFUTAÇÕES PROPRIAMENTE DITAS............78

27.3 - PARTE III – REFUTANDO MATEMATICAMENTE A VONTADE.80

28.1 - A AÇÃO DIRETA
PARTE I – POR QUE ELA É NECESSÁRIA............82

28.2 - PARTE II – AS VIAS DE FATO............84

29 - AFINAL, O QUE É A MATEMÁTICA?............86

30.1 - DISCURSO SOBRE A MORAL
PARTE I – A CENSURA............88

30.2 - PARTE II – A AUTOCRÍTICA (Minhas tormentas morais)............90

30.3 - PARTE III – A MORAL DO ESCRAVO............92

30.4 - PARTE IV – OS DE MORAL NOBRE............94

EPÍLOGO............96

A DESORDEM (ENTROPIA)............96

REFERÊNCIAS............98

INTRODUÇÃO

O conteúdo deste livro não se resume à abordagem de apenas um assunto, mas sim vários deles; na verdade, o assunto em si pouco importa, sendo, pois, relevante a origem da opinião a respeito deles. Esta obra apresenta o estilo baseado em aforismos, independentes entre si, no entanto todos eles são oriundos do livre pensar, da mesma métrica cognitiva, sendo esse pensamento definido como o Pensamento Anarquista, sem dogmas preestabelecidos.

Embora esta obra tenha vínculo com o pessimismo e repudie os arcaicos dogmas morais, ela também tem suas bases edificadas em grandes pensadores; não exatamente com suas ideias creditadas integralmente, mas sim nas parcialidades que o autor assimila como verdades, completadas com as suas próprias convicções sobre elas (as verdades).

Portanto, as linhas que daqui em diante seguirão buscam desconstruir os valores morais ditos universais e laureados como leis inalteráveis.

Para isso, a liberdade de pensamento deve ser soberana, e seus limites, corajosos o bastante para superar dogmas morais preestabelecidos. Esse Pensamento Libertário, de coragem, inspira-se na Anarquia!!!

1

Não há nada mais sublime do que deparar-se com ela, a verdade.

Este encontro de fria beleza faz com que os virtuosos resignem-se à sua própria insignificância e inerência em relação aos meios que a natureza utiliza para seus fins (as verdades).

No entanto os fracos não suportam a verdade, bela e fria; eles preferem as mentiras, oh, maligna anestésica de suas úlceras e dos seus desesperos.
Sendo assim, apresento-lhes meu encontro com a verdade!!!

O MONÓLOGO DA RAZÃO

Olá, Escuridão, minha antiga amiga.

Aqui estou novamente em sua companhia; por meio da sua presença dialogando comigo mesmo.

Renuncio à felicidade ou a qualquer crença para estar contigo. Agora tudo faz sentido!

Consigo admitir o quão vulnerável sou, como as minhas emoções fogem do meu controle e como sou desajustado.

Agora, aqui com você, Escuridão, aprecio como sou apenas humano; aprecio verdades quase absolutas; consigo questionar tudo. Não preciso mais acreditar que existem fadas escondidas no meu jardim para considerá-lo belo!

Sinto a nostalgia de ter a certeza de que o Universo ao qual pertenço é órfão, sem pai; ele é elegante, o Universo Elegante.

Agora eu sou Deus! Faço do meu jeito e sigo um caminho que não me leva a lugar nenhum.

Meus passos são torpes, como o andar de um bêbado; o destino pouco importa, afinal a estrada na qual transitarei vai me fazer admirar a simplicidade; agora sou alienado, porém sem medo, minha razão é protetora, adorável guardiã! Nua e crua.

Invariavelmente retorno ao ponto de partida e, novamente, encontro você, Escuridão, minha grande companheira.

Desta vez faço a pergunta: sou seu único amigo, ou existem outros?

Até agora ninguém respondeu.

2

Aqueles cujas decisões são baseadas em alguma autoridade alheia, são enfermos, doentes ontológicos (do ser), doentes da razão.

Vivem suas vidas em busca do sentido louco e delirante, imposto e pregado por outros.

Em contrapartida, os defensores de suas próprias razões são os que defino como os homens decisivos, os redentores dos pecadores, como os deuses.

SOBRE A MANIPULAÇÃO DE MARIONETES

Sinto desprezo.

Desprezo pelas autoridades, sejam elas quais forem!

A autonomia que planteio na minha existência temporária é restrita e submetida a autoritarismos multilaterais, vindos de todas as partes e com inúmeras facetas.

Deixar-se influenciar, univocamente, por qualquer entidade autoritária sem antes realizar uma filtragem crítica singular daquilo que é imposto é doença! Doença da alma! Doença da razão!

Entre as facções ditatoriais, a que apresenta o maior número de sintomas doentios é o cristianismo! Não há dúvidas que este é insuperável como doença social. Cego! Limitador! "Oligofrênico"!

O fato é que o homem deve superar a si próprio ou a outros, e, para isso, precisa ser portador do poder de Decisão! Louvável qualidade!

Ele, o Homem Decisivo, jamais se coloca abaixo de qualquer deus ou facção autoritária; não comete o pecado de elevar algo acima de seus pais ou filhos; isto, pois, é a maior das blasfêmias!

Em relação ao que é pecaminoso, posso dizer que aquele cujo dono da razão é si próprio muitas vezes faz escolhas equivocadas, torpes, porém responsabiliza-se pelas consequências e, paga, um a um, seus pecados.

O Homem Decisivo não fez "empréstimo" no pagamento de seus pecados!

Como resultado do que vi da vida e como vejo o mundo, sinto orgulho do Pensamento Anarquista do qual sou portador. Não perco mais o sono rogando a eliminação de minhas vulnerabilidades e imperfeições. Todo o contrário! Sintetizo o que sou mediante minha razão, e de forma crítica admito: sou errante. Desejos ou aspirações independem da verdade!

Hoje decido: desprezo aqueles cujo pensamento é regido por outros, ditos os donos da autoridade, e a estes, os detentores dela, inúmeros parasitas, os quais muitos tive o desprazer de conhecer, digo:

— Eu ainda estou vivo, seus bastardos, lúcido e decidindo por mim mesmo!

3

Malditos sejam os deuses cuja existência possibilita o surgimento do pecado e os inúmeros parasitas os quais dedicam suas desprezíveis vidas à adoração dessas entidades para livrarem-se de suas dívidas pecaminosas.

Malditos sejam aqueles cuja idolatria impõe méritos à pobreza, à doença e à fraqueza.

Glorificado seja o ateísmo libertário, pois somente ele possibilita a existência de paz, de justiça e liberdade!!!

A SANTA CRUELDADE

Desde os primórdios da humanidade, especialmente a partir da organização de sociedades por homens e mulheres, evidencia-se a presença de facções místicas, cujo propósito manifesta-se na forma de adoração e idolatria de deuses que, hipoteticamente, representam a Ética Universal e o caminho a ser trilhado por nós, meros mortais. Atualmente, os dogmas, regras e exigências dessas facções, as religiosas, estão amplamente divulgadas pelo globo e, de forma catastrófica, ganham força ao transitar o tempo; aqueles que pensam diferente, uma minoria, sofrem com a falta de aceitação dos "rebanhos divinos", e ateu denota um adjetivo pejorativo.

É fato que a maior das liberdades é o poder e autonomia que cada indivíduo exerce sobre seu pensamento. Ele, o Pensador Autônomo, questiona tudo, necessita, invariavelmente, compreender os estímulos externos utilizando sua razão; jamais concebe crenças ou opiniões alheias sem antes filtrar a informação mediante seus princípios morais e decidir válida ou não as concepções externas. Aqueles indivíduos cujo pensamento é regido por fatores externos, os quais geralmente representam alguma forma de autoridade, são ignorantes; logo, entregam sua liberdade e sintetizam um assustador rebanho manipulável, títeres com total ausência de singularidade, ausentes de individualidade!

Portanto, qualquer adoração a deuses ou figuras autoritárias divinas fazem parte da incongruência humana, da sua ignorância, da fuga de seus medos, e esse último apresenta-se, elegantemente, como a verdade, sólida, implacável! Sendo assim, qualquer crença ou facção religiosa que represente idolatrias às absurdas figuras divinas é daninha sempre, promove a censura, o delírio coletivo que, lamentavelmente, sobrevive ao tempo à medida que se transfere de pai para filho. Trata-se de doença social, doença da razão. O cristianismo, soberano como câncer social, transmite claramente sua devastadora idolatria cega e fanática na repugnante imagem do homem moribundo e pendurado na cruz, uma bizarra representação do infame "ópio do povo", carcereiro do livre pensamento.

Nas minhas considerações finais, confesso meu pessimismo em relação à liberdade, afinal dogmas e crenças vinculadas a deuses ganham força: os Estados Unidos da América, primeira nação laica, são palco do cristianismo fundamentalista; intermináveis guerras em nome da fé são travadas; seres humanos ainda são queimados vivos na África, Índia e Coreia do Norte por assimilarem outra religião; e finalmente o catolicismo, que há mil anos, aproximadamente, iniciou o terrorismo religioso com as cruzadas, sobrevive nos países pobres da América Latina e África, pregando a cruel valorização da pobreza, mediante nefasta imagem de Francisco de Assis (BIOGRAFIA..., 2019).

Enfim, como diziam os grandes pacifistas do século XX, obviamente ateus, criaram-se barreiras cruéis entre os homens entorpecidos por delírios divinos, que são daninhos sempre, independentemente do grau de adoração ou fanatismo. A única alternativa é reconhecer a verdade, mediante o ateísmo libertário, valorizar o homem, pregar a igualdade entre eles, possuir o compromisso de eternizar seus entes queridos mediante a herança genética e a memória dos que já não estão, desvendar, sempre que possível, os segredos da natureza, pensar com a própria cabeça... Ser livre.

4

Onde está a felicidade senão num plano inalcançável.

Onde está ela senão no formato doentio em que aqueles que a atingem sentem-se no direito de julgar os que, todavia, não a atingiram!!!

SOBRE O DIA SEM AMANHÃ
(Um relato sobre o Crack)

Tenho um desejo.

Desejo de abrir mão!

De fato, a cidadania cuja conquista, hoje, é uma realidade nunca me fez sentido!

Jamais consegui preencher o vácuo que possuo dentro do meu peito por meio dos métodos convencionais! Amores, trabalho, faculdade... Nada disso é o bastante!

Preciso de outra coisa! Algo proibido, sublime, insubstituível, poderoso! Preciso de algo que sintetize esses ingredientes, e, nesse contexto, você, Crack, é perfeito!

Agora decido: estou renunciando.

Renuncio à minha vida, à minha liberdade, aos meus sonhos!

Já estou a caminho de você, Prazer Imediato! A partir de agora, violo uma lei fundamental da natureza: atingirei a velocidade da luz. Vou parar o Tempo. Agora tenho o poder de Deus!!!

Neste momento, neste exato instante, em que o lapso de tempo é compreendido entre a antecedência ao prazer, a posse e a primeira tragada, consigo atingir a plenitude! Uma felicidade surreal! É magnífico! Nada, eu disse nada, é capaz de igualar-se ao que, agora, sinto!

Estou outorgando a renúncia! Renunciei a direitos e deveres; não preciso mais preocupar-me com amores, trabalho, faculdade, com os débitos automáticos de minha conta-corrente. Não preciso preocupar-me em ser cidadão. Estou às margens do Contrato!

Não consigo voltar atrás, afinal parei o tempo. O ontem tornou-se imutável, e o meu dia não possui o amanhã!

No meu dia eterno, devo realizar apenas duas tarefas: fumar o crack e os meios para consegui-lo, sejam eles quais forem!

Consigo, finalmente, sentir e tocar a felicidade. Uma felicidade doentia, que me faz escravo dos meios para atingi-la, porém qual meio não é doentio para almejar algo que de fato não existe? A mim não cabe o julgamento, estou desprovido de argumentos para tal. Existe alguém, seguro dos seus meios, com aptidão para julgar o que faço e como faço?

5

Quando é evidente o não cumprimento dos direitos civis, milhões de pessoas exigem o ressarcimento pelos danos causados.

Entretanto, se muitos dessas multidões não cumprem como os seus deveres de cidadão, estariam eles aptos a exigir o que não fazem???

SOBRE A CONQUISTA DOS DIREITOS

Virtuosos burgueses franceses derramaram seu próprio sangue, no final do século XVIII, para que suas futuras gerações deleitassem de Liberdade, Fraternidade e Igualdade.

No fatídico ano de 1968, o Ato Institucional número 5, outorgado por desprezíveis ditadores, liderados pelo general Costa e Silva (SILVA, 2020), fez com que milhares de jovens gritassem, a altos brados: — Somos todos iguais, braços dados ou não!!!

Ao som do violão de Geraldo Vandré (VANDRÉ, 1968), nos festivais daquele ano.

Pouco depois, John Lennon (LENNON, 1971) sugeriu que déssemos uma chance à paz; enquanto seres humanos exterminavam-se, uns aos outros, no Triângulo Asiático, motivados por diferenças ideológicas.

Foi Lennon também que imaginou um mundo sem guerras, divisas ou diferenças; ele imaginou as pessoas vivendo em paz.

Todos que citei acima lutaram por ideais de igualdade, cidadania, liberdade e valor à vida humana.

Circunstancialmente, fui beneficiado, na integridade de meus direitos civis, por todos eles, virtuosos de coragem!!!

Entretanto desconfio que não faço a minha parte, o meu dever; acomodo-me naqueles que, de uma forma ou outra, lutam pelos direitos de todos!!!

Seria a Sociedade Brasileira acomodada???

Ignorante ao ponto de, porcamente, exigir direitos não cumpridos em séculos anteriores???

Somos nós, os brasileiros, tão repugnantes – adeptos do "coitadismo"; adeptos da vangloriação da pobreza, da ignorância; adeptos da retroalimentação do racismo, efetuado pelas próprias vítimas dele (a lembrança racial) –, os verdadeiros culpados?

Não me restam dúvidas a respeito da legitimidade das interrogações acima.

A herança iluminista, aquela ideologia cujo legado proporciona, até os dias atuais, a liberdade individual, é posterior à conquista deles (os direitos civis), ou seja, a lição de casa de qualquer sociedade é cumprir com seus deveres, para, enfim, merecer direitos.

"Se invertemos essas prioridades, alcançamos, na proporção direta, o retrocesso, a contramão do processo evolutivo; nada mais e nada menos do que acontece na realidade brasileira."

6

A Cosmologia possui uma teoria bem definida, a qual inclui a melhor explicação gravitacional feita até hoje; Einstein (EINSTEIN, 2019) conjecturou sozinho, na sua descoberta, um Universo Determinista.

Na outra vertente, a Física Quântica funciona por meio do conceito probabilista da natureza; não possui explicação plausível à gravidade e obteve muitos contribuintes na evolução de seus postulados.

DETERMINANDO A ALEATORIDADE

Certa vez, um grupo de ouvintes perguntaram a Erwin Schroedinger (KRAUSE, 2015), um dos maiores físicos do século XX: o que é a Física Quântica?

Com um lampejo de ironia, assim respondeu Schroedinger:

— Imaginem uma caixa de sapatos lacrada; dentro dela, há um gato vivo, que não é capaz de abri-la (a caixa) desde seu interior.

O físico continuou o experimento mental, e agora é ele quem faz a pergunta:

— Se após alguns dias, alguém abrisse a caixa? O que encontraria dentro dela?

Seus ouvintes, sem hesitar, responderam:

— A pessoa que abriu a caixa encontraria o gato vivo ou morto!!! Correto, Doutor Schroedinger???

— Errado!!! — respondeu o físico.

E aos ouvintes, surpresos com a resposta, ele continuou explicando:

— Tratando-se dos quantas (termo que originou a denotação "Quântica"), existem infinitas possibilidades. Por exemplo: o gato poderia voltar no tempo, utilizando a Segunda Lei da Termodinâmica, e sair da caixa antes mesmo de ser posto dentro dela.

Schroedinger continua o relato, decifrando o enigma:

— Portanto, quando a caixa de sapatos fosse, hipoteticamente, aberta, estaria vazia!!! Isto é Física Quântica!!! — concluiu o cientista.

Não há como prever o futuro a partir do referencial quântico; porém, por alguma razão, ainda desconhecida, a natureza determina uma única história da qual as existências dos meros mortais fazem parte!!!

De forma análoga, a natureza nos impõe a colheita daquilo que plantamos em vida!!!

O Universo Elegante é aleatório; algumas vezes imprevisível. Entretanto determina, de forma sábia, a seta do tempo.

Concluo, relatando a minha compreensão a respeito do que expus acima: pagarei meus pecados, um a um, em vida, a única forma de consciência; e, se a Elegância Universal permitir, farei parte da vida de minha filha.

7

Mais importante do que possuir a opinião correta é estar na posse de alguma e refutá-la com argumentos próprios e críticos, de modo que, quando ela deixa de ser válida (a opinião), somente os virtuosos são corajosos o bastante para modificá-la.

NO QUE ACREDITO

Bertrand Russel (RUSSELL, 1996) dizia que o desejo daquilo que almejo conquistar é a síntese da razão, ou seja, ele, o córtex racional, é construído a partir de tijolos, e cada unidade representa um desejo. Segundo Russel, esse muro de desejos constitui a base sólida, sábia e benevolente da razão.

Portanto, ele (Russel) acreditava que os seres humanos nascem puros e, à medida que interagem com o meio externo, tornam-se, gradativamente, impuros, corrompidos!

Enfatizo minha discordância a respeito do embrião humano, pois acredito que homens e mulheres já nascem defeituosos a nível de caráter, portando desejos racionais e irracionais, bons e maus.

Acredito no Pensamento Libertário, anarquista, cujos conceitos incluem, inevitavelmente, opiniões e crenças errôneas, das quais apenas modifico as polaridades, no interior de minha razão, com sólidas observações empíricas.

Atualmente, luto contra minha hipocrisia, afinal estou cada vez mais próximo de reatar laços com minha filha. E quando estava recluso em prisões físicas e mentais, há pouco tempo, confesso que fraquejei, tive vontade de rezar, pedir algo a alguma Entidade que não faz parte de minha vida.

Não o fiz! Não rezei! Não pedi nada sobre aquilo que não acredito!

Entretanto estou próximo do toque de minha mão com a dela, minha filha, meu sangue, a eternização do genótipo DELMONTE. Também estou livre das prisões, que outrora cerceavam o meu ser, de corpo e alma!

Pratico a ética por meio da minha moral, cuja formação é procedente da minha individualidade, do singular, da minha autenticidade; não sou melhor nem pior que ninguém. Apenas penso com minha própria cabeça, questiono tudo com base naquilo que creio correto, mesmo que, muitas vezes, esteja equivocado.

E, concluindo, retorno ao formidável Bertrand Russel, cuja hipótese do desejo à base da razão traduz a minha aspiração de voltar a conviver com minha filha, refutada na minha razão do dever de ser pai.

8

Heisenberg disse:

— O futuro é incerto!

Feynman (FEYNMAN, R. P., 1964) disse:

— Uma partícula faz, ao mesmo tempo, infinitos caminhos em infinitas direções rumo ao futuro!

Essa aparente probabilidade absoluta torna-se obtusa quando ela, a natureza, seleciona apenas uma história da qual nós faremos parte.

Assim, vivemos sob uma realidade probabilista ou determinista?

SOBRE O FUTURO QUE NOS É IMPOSTO
(Reflexões sobre o princípio antrópico)

O futuro é incerto.

Assim disse Werner Heisenberg (1983), a respeito da incerteza.

O seu famoso princípio (o princípio da incerteza), cuja essência é a base da Física Quântica, impõe-nos a "roleta-russa temporal", isto é, o tempo flui no sentido futuro inerte à vontade humana.

Portanto, nós, os seres humanos, somos entidades vivas coadjuvantes nas decisões da natureza, sendo essa última a responsável pela eleição de qual história cósmica os meros mortais farão parte.

A aparente interferência humana na construção do futuro resulta, a olhos vistos, o autoengano, cuja distorção da realidade provoca, incorretamente, a sensação de inserção no mundo e alívio na contemplação da existência.

Tratando-se do desespero humano e sua respectiva resposta, com base em devaneios e ilusões, referentes à finitude da vida, ao fim da existência, a absoluta incerteza futura faz com que inúmeros seres humanos contemplem a mediocridade, ou melhor, sejam adeptos de crenças delirantes que anestesiam a desesperança e, ao mesmo tempo, alimentam a ignorância!!!

Contudo a resignação em relação à verdade, a aceitação da Elegância do Universo e a busca das repostas corretas sobre a existência fazem o homem evoluir, mesmo que faltem, todavia, inúmeras questões sobre a realidade, de fato como ela é, a serem elucidadas.

Portanto, uma sociedade antropocêntrica, cuja prioridade é a evolução da vida, busca as respostas que ainda são desconhecidas, sem a necessidade de refutações que violem o alcance da razão humana.

"A realidade é dessa forma, porque, se não fosse assim, não estaríamos aqui para refletir sobre ela!!!"

9

Não há nada mais libertário do que atingir a meta da finitude, sendo que todos os meios de vida os quais conduzem ao fim retratam meras circunstâncias que levam ao absoluto final determinista.

O MONÓLOGO DA HIPOCRISIA

Estou aliviado.

Aliviado pelo fato de estar certo, que tudo isso vai acabar. No seu devido tempo, deixarei de existir.

Não farei mais parte da realidade!

Hipoteticamente, a vida eterna é uma das piores condenações que alguém pode sofrer.

As prestações de contas às Entidades Abstratas no "pós-morte" soam-me tão cruéis e autoritárias quanto os regimes ditatoriais dos quais tive o desprazer de ter ciência.

A verdade, de fato, é que as crenças são hipócritas, e sempre, eu disse sempre, afetarão a si próprio ou a outrem; de uma forma ou de outra.

Parece-me redundante o conceito de elaborar um Novo Testamento, sendo que já existe um Velho. Qual deles é melhor? Qual das alianças com Deus vigora atualmente? Será que o filho Dele orgulha-se de ser celebrado pendurado e moribundo? Não creio!!!

Entretanto a beleza da vida resume-se na simplicidade; no "viva e deixe morrer"!

Nossos tijolos elementares foram criados em estrelas agonizantes, que deixaram de existir, porém possibilitaram a nossa própria existência temporária. Surpreendente!!!

O absoluto nos diz que somos parte do Todo e surgimos do Nada.

Que belas são as invariáveis leis que regem a realidade!

10

Einstein, obcecado, perguntou a si mesmo:

O que é a luz?

E ele mesmo respondeu: a luz é uma manifestação eletromagnética cuja partícula de força, o fóton, comporta-se, ao mesmo tempo, como onda e como partícula.

E foi assim que apenas Albert Einstein entendeu, realmente, o que é a luz.

A LUZ DE CADA NOVO DIA

Sim.

Não há dúvidas. Ainda a vejo!!!

Estou surpreso. Surpreso por conseguir contemplar, dia após dia, a dispersão da luz branca.

A dissipação da energia solar em forma de radiação luminosa, cuja incidência na atmosfera terrestre retrata a aparente realidade que meus sentidos são capazes de interpretar, faz com que eu tenha certeza da minha existência.

Devido à natureza quântica da luz, isto é, discreta na sua manifestação corpuscular e contínua na forma ondular, minha aceitação transforma-se em resignação, impondo a sua absoluta incerteza dual.

É dela, a Luz, a mensagem cósmica cuja tradução resulta nas leis físicas, que são inerentes à vontade humana.

Portanto, a radiação solar, a qual neste instante incide no meu jardim, traz consigo o passado, afinal a Luz, proveniente do Sol, tarda oito minutos para percorrer a distância entre Ele e a Terra.

É absolutamente formidável olhar para o céu e atingir os limites da visão, a olho nu, para contemplar o passado do Universo, desde o referencial relativo.

Figura 1 – A dispersão da luz branca

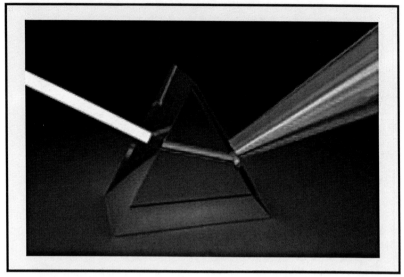

Fonte: o autor

    É ainda mais empolgante descobrir que os eventos passados apenas podem ser observados, porém jamais modificados!!!
    Fascinante também é a ruína do tempo absoluto e a hipotética possibilidade de dilatar o tempo mediante grandes velocidades e atingir o futuro em relação a outro referencial.
    Não poderia encerrar este ensaio sem antes olhar para meu jardim novamente, aquele cuja Luz reflete sua beleza e descarta a existência de fadas escondidas nele para que seja considerado belo!!!

11

Sobre a evolução das espécies, posso dizer que não viemos dos macacos, mas sim de uma bactéria, de modo que para a natureza independe se as vontades ou crenças humanas repudiam essa ideia, que apenas reflete a verdade.

SOBRE A NATUREZA ELEGANTE

Socorro! Socorro!

Diz aflita a senhora que, agora, comunica-se com a atendente do Disque Denúncia:

A atendente, tentando acalmar a nervosa senhora, pergunta:

O que acontece, senhora? Em que posso ajudar?

A senhora de voz trêmula relata:

Meu filho Samuel desapareceu. Disse que sairia de casa em busca do sentido que as outras pessoas dão à vida humana e, até agora, não retornou!!!

A senhora, mãe de Samuel, relata também que ele sofre de uma rara doença denominada: a síndrome da verdade paranoide.

Rapidamente a atendente inclui Samuel na lista de desaparecidos.

Pouco depois, a Ameba-mãe entra em contato no mesmo Disque Denúncia, relatando que sua filha, a Ameba, saiu de casa em busca do sentido que ninguém dá à vida dos seres monocelulares.

Disse também que sua filha, a Ameba, é primitiva, procarionte, sem carioteca (membrana nuclear) definida.

Ela também é incluída na lista de desaparecidos.

As autoridades policiais suspeitam que Samuel e a Ameba foram sequestrados pela Verdade, foragida e acusada pelo homicídio de Deus. Ela pertence à seita, que outrora fora liderada por Charles Darwin (1985), que fora acusado pela tentativa de homicídio de Deus.

Dias depois, Samuel e a Ameba são encontrados juntos, em harmonia.

Relataram que nenhum dos dois encontrou o que buscavam: os sentidos das suas respectivas vidas, entretanto reconheceram a elegância da natureza, da vida.

Reconheceram também que são primos distantes, provenientes da mesma vovó: a Vovó Proteína. Se ela estivesse viva teria cerca de 3,5 bilhões de anos.

Os dois, Samuel e a Ameba, omitiram o refúgio da Verdade, afinal foi ela que lhes ensinou que não temos nenhum sentido predefinido para cumprir durante nossas existências. Basta que nos unamos e que cada ser vivo esforce-se para melhorar a si próprio.

"A melhoria de cada ente vivo, em um esforço egoísta, fará a humanidade e a vida em si melhorarem como um todo, tornando-se mais harmônicas e adaptadas."

12

Aos fracos, cuja covardia os impede de deparar-se com o desespero humano e faz deles desprezíveis seres os quais necessitam de malditas idolatrias a deuses e seus respectivos representantes, em busca da redenção de suas dívidas pecaminosas.

Pobres almas!!!

O MONÓLOGO DO DESESPERO

Sim.

Eu acredito.

Acredito na benevolência do meu Deus.

Eu devo acreditar.

Eu tenho que acreditar!!!

Minha vida baseou-se no fato de eu estar certo, de que sou protegido por Ele, meu Deus!!!

Ele, amado Mentor, está rodeado deles, meus entes queridos que já não estão, porém me aguardam ao seu lado, todo-poderoso, para enfim caminharmos juntos rumo à eternidade!

Não! Eu disse não!

Não dou bola à ciência ou ao que ela pode provar.

O que seria de mim sem meu Deus?

É desesperador pensar que, afinal das contas, estamos sós. Que devemos caminhar com nossas próprias pernas, ser independentes e valorizar a relação com o próximo.

Em primeiro lugar, vem, indubitavelmente, o Deus das Escrituras. Acima de meus filhos e de meus pais. O Primeiro da Lista!

A Ele, somente a Ele, devo obediência e adoração.

Farei o que for preciso para "merecer o Paraíso". Seguirei à risca suas ordens, meu amado Deus!!!

Estou disposto a sacrificar minha vida e a de outros pela sua santa causa, Javé.

13

O termo Anarquia idealiza a reprodução de uma sociedade autônoma e autoconsciente em relação aos deveres civis de cada integrante dela; essa ordem social complexa permite a inexistência de dogmas escritos e da necessidade de autoridades que as impugnem ou quaisquer leis preestabelecidas; no contexto anarquista, não há essa necessidade.

O MANIFESTO DA RAZÃO

Derivado do grego, o termo *Anarquia* denota ausência de governo ou ausência de imposições autoritárias. Essas duas definições, quando difundidas leigamente em sociedades como a brasileira, são incorretamente interpretadas como: desordem de um povo, violência entre seus cidadãos e um risco à soberania do Estado Democrático de Direito.

Pois bem, populações como a nossa, cuja moral, opinião e forma de pensar originam-se, quase que exclusivamente, de meios externos, oriundos de facções autoritárias, cujo legado ao país justifica-se na grande maioria populacional ignorante, medíocre e manipulável, com características propícias aos "Oligarcas Operários" e sua infame Ditadura Sindical.

Entre tais facções autoritárias, destacam-se: o Cristianismo, os governos populistas, como é o Partido dos Trabalhadores (PT), além dos triviais e costumeiros acordos tupiniquins, desleixo e incompetência, e essas três últimas características conotam perfeitamente a identidade do povo brasileiro: um vasto aglomerado populacional, ignorante e medíocre, doutrinados a seguir o caminho imposto e desejado por outros, os desprezíveis detentores das, já citadas, autoridades.

Entretanto existe uma minoria de indivíduos, portadores do Pensamento Anarquista, cujos ideais libertários jamais se contaminam com as absurdas imposições dessas facções, sendo eles (os anarquistas) os réus, culpados pelas desordens referidas no primeiro parágrafo.

Embora haja inúmeras literaturas que tratam da Anarquia como uma unidade, como um conjunto de indivíduos formadores de uma sociedade contratual pura, perfeita, somente haverá solidariedade consciente entre os iguais à medida que prevaleça a individualidade de cada ser, seus universos singulares, autônomos e distintos entre si. O homem libertário é protegido por sua RAZÃO (louvável guardiã).

Esta arte, a arte de pensar com a própria cabeça, define o ANARQUISMO; este, pois, valoriza o homem e coloca-o como autor da causa e efeito.

Portanto o anarquista prioriza a prática de sua moral, refutada na razão, motivo pelo qual ele perpetua sua liberdade com consciência coletiva, ou seja, cumpre com normas e regras sociais, sem a necessidade de dogmas escritos ou autoridades que as imponham!!!

Como conclusão, considero o Pensamento Anarquista um processo cuja evolução proporciona igualdade, liberdade e respeito ao próximo, sem a necessidade de leis escritas ou autoridades. O anarquista, então, contempla a busca pela ordem complexa.

Mesmo sendo uma *utopia*, a utilização do Pensamento Anarquista como ideal a seguir evolui o homem quando este se aproxima, um pouco que seja, dessa idealização.

"A realidade verdadeira está ao alcance de nossos sentidos, e a liberdade humana constrói o conhecimento sobre ela (Verdade)."

14.1

Usamos a riqueza mais como uma oportunidade de agir que como um motivo de vanglória; entre nós, não há vergonha na pobreza, mais a maior vergonha é não fazer nada possível para evitá-la...

(*Péricles – Grécia Antiga*)

SOBRE AS MINORIAS
PARTE I – OS DETENTORES DA POBREZA

Inevitavelmente, sociedades livres e capitalistas, como a brasileira, impõem a seus integrantes diferenças sociais que vão muito além do desfavorecimento econômico oriundo de seus progenitores.

Não há dúvidas a respeito da culpabilidade pelo fracasso ou limitação da vida de pessoas que se isentam da culpa por suas estagnações nas redondezas da pobreza, a qual é atribuída às elites, em decorrência da "exploração" de sua mão de obra e consequentes limitações severas à aquisição da propriedade privada e o conhecimento (NÃO FUGIR DA ESCOLA); de fato, o empirismo se torna soberano, e a culpa pela pobreza é do pobre!!!

Afinal, os já citados estabilidade econômica e conhecimento são simbióticos, são consequência um do outro, e, referindo-se ao acúmulo de conhecimento, posso dizer que é uma opção gratuita a qualquer membro da sociedade, inclusive a brasileira; portanto, os horizontes do aprendizado não se resumem apenas à frequência escolar, sendo errôneo o conceito de ser o único local provedor de crescimento pessoal e econômico.

As elites, ou melhor, os virtuosos (os melhores), historicamente, são os responsáveis pela produtividade de uma nação e pelo avanço tecnológico, características das quais os maiores beneficiados são a maioria populacional medíocre.

Até mesmo as revoluções mais importantes do Ocidente foram tramadas e postas em prática pelos burgueses, por meio da ação direta; assim, são chamadas de revoluções burguesas (exemplos: Revolução Francesa e Americana).

Portanto, a vangloriação da pobreza, da ignorância, fundidas a um governo ditatorial como é o PT, transforma milhões de pessoas em vagabundos de fato; crentes nos seus "direitos" de não trabalharem, não estudarem e não pagarem impostos. Aliás, essas três características são obrigações da elite, sendo essa última (a virtuosa) "tutora" dos pobres desfavorecidos. Perseguidos em séculos anteriores.

Encerro pessimista. Afinal, a atual demagogia, porca na sua autenticidade, trará à próxima geração, nossos filhos, gravíssimas consequências, similares àquelas que, atualmente, assolam o Haiti, único país cuja revolução foi feita pelos "oprimidos". Vale lembrar que nós, os brasileiros, nunca lutamos, nas vias de fato, pela liberdade dos nossos iguais, e o 7 de setembro de 1822 foi marcado por um costumeiro acordo, que apenas favoreceu a Portugal e Algarve, sendo mantido, no Brasil "independente", um imperador português: Dom Pedro I.

14.2

Não há grupos minoritários mais medíocres do que aqueles cujas armas se encontram na legislação, de modo que inexistirá respeito àqueles que usam de suas etnias ou condições para lograr, o que de fato, não mereceram!

PARTE II – SOBRE O "FALSO RACISMO"

Nos tempos atuais (2013), as minorias brasileiras, compostas de negros, índios, homossexuais e feministas, obtiveram um inflado espaço da opinião pública, vinculadas às perseguições que tais grupos, hipoteticamente, sofrem, cujo teor persecutório oscila desde o racismo aos preconceitos.

De fato, a retroalimentação do racismo e seus genéricos (os preconceitos) originam-se das próprias vítimas; ou seja, a lembrança racista torna-se uma importante arma dessas minorias, em geral, para reivindicar um lugar digno dentro da sociedade, sem a necessidade de transitar e atingir a conquista desse posto ("ranking social"); esse último, pois, é uma obrigação das elites, as supostas culpadas pela miséria relativa das minorias.

Portanto, não é justificável que negros, pobres em sua maioria no Brasil, culpem os outros por esse retrato; aliás, é ainda mais intensa a incongruência quando a mira da culpa pela miséria deles, os de raça negra, transcendem o século XIX e a escravidão; nesse intervalo temporal (1888-2013), desde a abolição da escravidão até hoje, passaram-se mais de 125 anos, e os afro-brasileiros alegam que ainda estão acorrentados, metaforicamente, às correntes das senzalas.

Incongruente também são as exigências de índios por suas respectivas terras, cujo percentual do território atual equivale a, aproximadamente, 13% das terras brasileiras; área superior ao total de terras utilizadas para a agricultura (11% do território nacional). Creio que os números falam por si.

Assim, o retrato do racismo e dos preconceitos de fato reflete as desorganizações deles ("os oprimidos") como grupos. Reflete também o surpreendente retorno da censura, afinal escândalos histéricos de negros insultados, somados à reforma dos dogmas penais, "protegendo criminalmente" negros, índios, homossexuais e feministas, não são convertidos em respeito de fato; pelo contrário, alimentam, sorrateiramente, o dito cujo (o racismo).

Minha dúvida continua sendo a associação consciente do vínculo vítima-opressor, alimentado pela primeira (a vítima), para continuar reivindicando um lugar ao sol, na sociedade, sem transitar a necessária conquista de postos sociais.

Encerro meu discurso consciente de que esse falso racismo não é aproveitado por todos os membros integrantes das minorias; assim, existem também inúmeros negros, índios, gays e feministas que conquistam suas metas sem a necessidade de fazer referência às suas etnias ou condições. Exigem apenas aquilo que conquistaram como seres humanos e ponto final.

14.3

Ninguém o fará por nós.

Nossa reconstrução, como povo, depende exclusivamente de nossos esforços.

Usaremos como diferencial tecnologia e educação nacionais.

No futuro próximo, integraremos a cúpula tecnológica e epistemológica do globo!!!

Poderiam ser versos das minorias brasileiras, no entanto foram pronunciadas por aqueles que, no passado, sofreram perseguições, e, atualmente, são eles que dizem como são as coisas!!!

PARTE III – SOBRE JUDEUS, ALEMÃES E JAPONESES

Nesta terceira e última parte do ensaio "Sobre as Minorias", os argumentos tratam das minorias das quais a educação e a tecnologia funcionam e são um exemplo de grupos minoritários, cuja ressuscitação das cinzas, no século XX, mostra ao mundo a possibilidade de reerguer-se após guerras e perseguições de todas as formas.

Destarte, muito diferente das minorias brasileiras, judeus, alemães e japoneses decidiram que a reconstrução de suas nações e a manutenção dos seus respectivos legados dependiam, exclusivamente, deles, os maiores interessados.

Os judeus sofrem perseguições desde a Antiguidade, e mais precisamente o Holocausto, nos anos 40 do século XX, época de maior amplitude nessa perseguição contemporânea, reduziu a população mundial judaica pela metade (aproximadamente 6 milhões de pessoas); e o lapso temporal entre 1948 (criação do Estado de Israel) e os dias atuais evidencia, empiricamente, grupos de judeus organizados até mesmo fora das divisas de Israel, detentores do poder econômico e tecnológico.

O atual percentual populacional mundial de judeus é aproximadamente 0,5% em relação ao total de pessoas habitantes do planeta Terra; porém, o percentual de judeus ganhadores do Prêmio Nobel equivale a, aproximadamente, 25% do total de laureados com o dito prêmio.

Não obstante, os alemães e japoneses, que atualmente encontram-se "anos-luz" adiante dos grupos minoritários brasileiros, também sofreram com a destruição de suas nações, em meados do século XX, e por iniciativa própria recorreram a seus próprios recursos, para estarem, nos dias de hoje, no ápice educacional e tecnológico mundial.

Finalizando este ensaio, são gritantes as diferenças entre as posturas daquelas minorias que realmente funcionam e as brasileiras, que NÃO funcionam; de forma didática, judeus, alemães e japoneses, minorias utilizadas como exemplo, ensinam ao povo brasileiro que a responsabilidade pela igualdade, liberdade e justiça é de cada integrante de um grupo, sociedade ou minoria; assim, o individualismo consciente atinge os horizontes grupais e transforma minorias, hipoteticamente perseguidas, em grupos populacionais autônomos, que não se esquivam de suas responsabilidades e deveres, o que no Brasil é uma tradição.

15

O que é o tempo?

Seria ele absoluto ou relativo a um referencial preestabelecido?

Sofremos com maior intensidade quando ele (tempo) é longo, a perder de vista, ou quando restam os últimos instantes?

SOBRE OS ÚLTIMOS 90 MINUTOS

Meu relógio, em um TIC-TAC fúnebre, soa invariável: tenho apenas 90 minutos de vida.

Que posso fazer? Que fizeram outros em apenas 90 minutos?

Tenho pouco tempo para decidir!!!

Em 1970, 90 milhões de brasileiros vibraram, em apenas 90 minutos, com o tricampeonato mundial de futebol, ocultando mortos, torturados e desaparecidos da ditadura militar, liderada pelo acefálico general Médici (RODRIGUES, 2016).

Entretanto, no ano de 2014, os 90 minutos fizeram 200 milhões de brasileiros lamentarem o vexame futebolístico diante da Alemanha, na Copa do Mundo tupiniquim, enquanto a cleptocracia (governo corrupto) do PT não fazia questão de se ocultar.

O ano de 1976 foi marcado pelo resgate de 104 judeus reféns do voo da Air France, os quais permaneceram em cativeiro no Aeroporto de Entebe, Uganda, país que era aniquilado pelo lunático ditador Idi Amin Dada (BIOGRAFIA..., 2019).

O governo de Israel, liderado pelo primeiro-ministro Yitzhak Rabin (Yitzhak Rabin, 2014), teve apenas 90 minutos para decidir entre ceder às exigências dos terroristas ou invadir Uganda e tentar um resgate suicida.

Pouco antes de encerrar o prazo de 90 minutos e os reféns começarem a ser assassinados, o governo israelense "concordou" com as exigências dos terroristas, enquanto, secretamente, aviões provenientes de Israel transportavam sua elite militar, rumo a Entebe, com o objetivo de resgatar os judeus em cativeiro.

Embora a expectativa da cúpula militar israelense fosse de 30% de baixas, entre vítimas e seus militares, o resultado do resgate foi surpreendente!!!

Dos 104 reféns, 101 foram resgatados com vida; apenas três foram mortos, dois deles no instante do assalto ao saguão do Aeroporto de Entebe, em cujo interior mantinham-se os reféns sobre a mira de fuzis dos terroristas; Dora Bloch (STEVENSON, 2015), a terceira vítima, estava no hospital durante o resgate, terminou assassinada, e apenas um militar judeu morreu. Por ironia, essa vítima era o comandante em terra da operação, o Coronel Yoni Netanyahu (YONI, 2001), irmão do atual primeiro-ministro de Israel, Benjamin Netanyahu.

Em 1969, se a célebre frase "Um pequeno passo para o homem, um grande passo para a Humanidade" – do primeiro homem a pisar na lua, Neil Armstrong – fosse, hipoteticamente, ouvida pelo mundo, e considerando a distância Terra-Lua (300.000 km) e a velocidade do som (1224 km/h), em 90 minutos o som percorreria apenas 1836 quilômetros (0,612 % da distância total).

TIC-TAC, o relógio impõe meus últimos instantes de vida.

Deixarei de existir!!!

Durante esse tempo, os meus últimos 90 minutos, contemplei o que considero o bem mais valioso do ser humano: "o conhecimento adquirido durante o lapso de vida".

16

Também são virtuosos aqueles cujas ideologias próprias são passíveis de revisão, e, quando já não são válidas, eles a modificam em uma manifestação louvável.

Não obstante, aqueles que são incapazes desse gesto não passam de covardes, assim como aqueles que ainda hasteiam bandeiras socialistas e comunistas!!!

E, NOVAMENTE, VIVEMOS A DITADURA

A Constituição Brasileira é clara e explícita quando se refere ao relacionamento Estado-povo; na verdade, essa dualidade é simbiótica. O povo é o Estado propriamente dito.

O pensamento iluminista influenciou nosso conceito de reduzir os poderes estatais para aumentar, na proporção inversa, a liberdade do cidadão. Nós, os integrantes desta sociedade libertária, detemos o poder republicano, cuja essência faz o Poder Executivo vigente ser temporário e aleatório. Nossa ferramenta para operar tal poderio é o voto.

Nossos queridos representantes, que atualmente detêm o Poder Executivo e, dia após dia, hasteiam a sua bandeira vermelha com sua estrela solitária, que possui cravada sua sigla operária (PT), sinônimo da militância e combate à perseguição dos nacionalistas de direita, que haviam instituído a ditadura militar mediante o AI-1, no fatídico ano de 1964, agora possuem o poder da voz ativa, censurada até então.

Eles, os militantes, satisfeitos por, finalmente, estarem no poder, não abrem mão dessa supremacia e, diferentemente dos militares que derrubaram a constituição da época, mantêm o texto dogmático de 1988, porém a cláusula pétrea republicana é brilhantemente distorcida pelos petistas, em um movimento sorrateiro e disfarçado tão cruel como qualquer ditadura.

De fato, o governo petista é uma ditadura: difama a República, a partir do momento que seus governados, de maioria ignorante, não possuem a opção do voto quando são beneficiados pelos bolsas-família, pelas cotas universitárias, ou pelo "Mais Médicos", esse último, pois, retrata a triste consequência dos governos de esquerda, de modo que médicos escravos cubanos exercem suas escravidões agora no Brasil!!!

Os responsáveis pela ditadura petista atual somos nós, o povo brasileiro, que porcamente deixa-se manipular por um nacionalismo disfarçado, perpetuando no poder pessoas que se colocam na posição de governantes absolutistas, carentes de princípios morais, que hipoteticamente impediriam que implementassem suas ideologias a qualquer preço, impediriam que obtivessem enriquecimento ilícito, impediriam que fizessem propaganda fascista de slogan: "É bonito ser pobre e fugir da escola".

Infelizmente, é bom deixar claro que a inexistência de serviços de qualidade na saúde, nos transportes, na educação e na segurança é culpa de exclusividade nossa, cidadãos brasileiros que se intitulam espertos, que levam vantagem sempre, felizes e de melhor futebol do mundo, mas que são enganados, ingenuamente, por aqueles que dizem ser nossos representantes.

17

Se Deus fosse meu funcionário, estaria despedido por justa causa.

POR QUE SOU ATEU

Desde as épocas mais remotas da Pré-história, com o início da organização de sociedades, até os dias atuais, evidencia-se a adoração e a obediência a deuses, os quais receberam dos homens, meros mortais, características, dogmas e rituais cujo teor transcende os limites da razão.

De fato, a crença em qualquer Deus dito benevolente, que se oculta sem o menor sentido racional e apenas "distribui" suas hipotéticas bondades àqueles que creem, acima de tudo e todos, na sua existência, reflete, a olhos vistos, um completo DELÍRIO!!!

De modo que aqueles que dizem "Eu apenas acredito em Deus" contribuem, circunstancialmente, ao maior legado que suas respectivas crenças deixam ao mundo: O ÓDIO AO PRÓXIMO.

Tais características, aquelas que apenas citei no primeiro parágrafo, criadas pelos seres humanos para seus deuses, oscilam entre entidades punitivas, psicopáticas e ignorantes, que lamentavelmente se materializam nas sociedades em que são exercidas suas respectivas idolatrias, formando suas identidades (das sociedades) assoladas por crenças que apenas as destroem. Jamais são benéficas a si próprio ou a outrem (as crenças).

Não há dúvidas a respeito da crueldade para com as crianças, quando estas são aliciadas à adoração de um moribundo pendurado em uma cruz, citando apenas um exemplo das crueldades às quais são submetidas as pessoas que, todavia, não formaram a sua razão por completo.

Para os fracos – ou melhor, para os medíocres –, medos triviais a qualquer um, como a morte, o fim da existência ou a dor da perda de entes queridos, são patologicamente anestesiados com delirantes crenças na vida após a morte, em um lugar onde tais entes queridos os esperam de braços abertos!!!

O desespero humano parte do pressuposto de que, para lograr o "Paraíso", deve-se, obrigatoriamente, cumprir à risca os estatutos macabros das diversas religiões.

Entretanto sinto-me na obrigação também de comunicar que pesquisas científicas recentes a respeito das crenças concluíram que pessoas ateístas, em geral, vivem mais que as pessoas portadoras de crenças; além de concluir também que os primeiros (os ateístas) tendem a desenvolver com menos frequência sintomas de depressão em relação aos protegidos por seus deuses.

Concluo ciente de que não existem melhores ou piores, tratando-se de crentes e não crentes, porém a finitude de nossas existências implica, necessariamente, união, altruísmo e respeito ao próximo, para, assim, construir, ao longo do tempo, sociedades antropocêntricas, que valorizam a vida, o homem, os animais e outros seres vivos, sem a necessidade de impor devaneios e ilusões para alcançar tal objetivo.

18

Qual a diferença entre a Ética e a Moral?

Do que necessita uma sociedade para enquadrar-se nos princípios morais ditos adequados: exigir seus direitos ou cumprir com seus deveres?

Por que nós, os brasileiros, merecemos o lixo?

Avalie com cuidado, as linhas que adiante se seguirão.

São reflexões de um errante!

A EPISTEMOLOGIA DA ÉTICA E DA MORAL
(Reflexões de um errante)

Há muito tempo, nas sociedades em que a liberdade de expressão sobrevive a duras penas (como a brasileira), tornou-se debate a opinião pública quanto a assuntos referentes a seus direitos, acima de tudo, o combate à miséria e a diminuição das discrepâncias socioeconômicas.

O aparente conhecimento, no caso dos brasileiros, de seus direitos civis, isolados, desconsiderando seus deveres, reflete uma sociedade "aleijada", "manca", com uma perna só!!!

A ontologia – ou melhor, o estudo do conhecimento sobre o ser e, logicamente, o seu caráter humano, desde o referencial empírico (observação) – revela a gritante diferença entre a Ética e a Moral; assim, define-se:

Ética: é a síntese teórica, capaz de fazer um indivíduo discernir entre o bem e o mal, ou seja, a ética induz cada pessoa, em determinada situação, a reconhecer as duas vias, isto é, optar pelo correto ou seu antagônico, o caminho incorreto.

O conjunto de princípios éticos provém da capacidade de reflexão nata (raciocínio) de cada ser humano, além dos estímulos externos, sofridos no decorrer da vida, dos quais são triviais: educação, valores herdados dos progenitores, acúmulo de conhecimento, entre outros.

Não obstante, o mero conhecimento ético ou a teoria não são suficientes; então deve-se ter em conta a:

Moral: basicamente, a moral é a prática da dita cuja (a Ética); portanto, o ser moral pratica a sua ética, optando, na maioria das vezes, pela via correta, com base naqueles princípios éticos já relatados.

Contudo, no Brasil, existem inúmeros:

Imorais: os seres humanos imorais são conscientes, desde a esfera ética, do certo e do errado, porém optam quase sempre pelo destino incorreto;

Amorais: os amorais não são moralistas pelo fato de não possuírem a ética; geralmente são os doentes, loucos e ignorantes.

O desespero humano origina-se, invariavelmente, nas angústias decorrentes das duas possibilidades de decisão perante uma situação: o certo e o errado.

Enfim, aqueles cujas exigências partem apenas do pressuposto dos direitos, esquecendo seus deveres, são imorais e amorais.

Esta é a identidade brasileira: "levar vantagem sempre", como assim insinua "a lei de Gerson". Além de promover a imoralidade e a amoralidade, faz com que nós, brasileiros, sejamos merecedores dos serviços públicos que temos sem o direito de reclamar deles. Afinal, conquistamos o LIXO!!!

19

A loucura é um dos poucos caminhos nos quais os meios conduzem à felicidade, que definitivamente inexiste em qualquer fim.

De modo que, o Elogio da Loucura (DE ROTTERDAM, 1511), de Erasmo, não deve ser desprezado, mas sim levado em conta quando decide-se pela vida sóbria e infeliz, ou pela vida louca, de relativa felicidade.

REFLEXÕES SOBRE A LOUCURA

Sim.

Não há dúvidas. É fato!!!

Estou sóbrio e agora perambulo, com passos torpes, pela tênue linha fronteiriça entre a loucura e a sanidade.

Encontro-me na margem burocrática, aquela que, supostamente, ostenta a sobriedade, e sua desprezível sensação de monotonia.

Vivendo e deixando morrer!!!

Entretanto estou a apenas um passo da loucura e, novamente, sinto-me atraído pela Escuridão, minha velha amiga, a qual nunca prometeu aquilo que jamais poderia fornecer. Pelo contrário.

Enquanto estive foragido, no interior da insanidade, e sabia da perseguição que sofria, rumo ao cerceamento da sobriedade, a soberania de meus atos estava sob minha posse.

No entanto contava nos ponteiros do meu relógio o prazo para começar a pagar pelos meus atos, os quais sempre, eu disse sempre, foram totalmente arcados pela minha pessoa!!!

Ainda hoje, pergunto-me: onde está tudo aquilo a respeito da vida, a virtuosa?

É verdade que escolhi outra coisa, ao invés de uma vida, e sempre fiz do meu jeito, afinal eles, meus pecados, paguei-os um a um, ou melhor, sigo pagando, dia após dia.

Jamais ousei fazer empréstimos das minhas dívidas pecaminosas; ninguém as pagou por mim. Tampouco clamei por perdão.

Segui as regras do jogo, assim como foram impostas!

Ironia ou não, aqui estou, contemplando sobre a loucura, com um lampejo de sanidade.

Assim creio.

Embora continue em dúvida sobre qual caminho, o da sanidade ou da loucura, vai me aproximar das coisas boas da vida, se é que elas existem!

20

Quando o desespero humano se torna demasiadamente doloroso, entra em cena o delírio. Oh, louvável anestésico!

O MONÓLOGO DO DELÍRIO

Estou com saudade.

Saudade de você, meu pai, que já não está.

Ela dói, afinal sei qual é a verdade: você deixou de existir.

Agora estou diante da minha razão. Ela é penetrante, crua, verdadeira!

Não consigo suportá-la!

Preciso de algo que a faça desaparecer; que faça minha dor deixar de doer; que faça a verdade deixar de ser verdadeira.

Preciso tornar meus absurdos reais. Quero um último abraço seu. Eu juro que será o último! E, para isso, meu pai, preciso dar-lhe vida.

Agora eu acredito. Estou começando a delirar. Estou quase sem dor. Sinto um calor propagando-se no interior de minhas veias. É magnífico! É entorpecente!

Agora, meu querido pai, você existe e me aguarda para aquele abraço. O último.

Consigo, finalmente, compreender os outros; eles fazem o que fiz. Não dão olvidos à razão. Deixaram de sofrer!

"Que Deus o tenha, meu querido pai."

21

Eu estava dizendo: deixe-me sair daqui antes mesmo de eu nascer.

[...]

Eu pertenço à Geração Vazia e eu posso pegar ou largar isso a qualquer hora

Eu pertenço à Geração vazia, mas eu posso pegar ou largar isso a qualquer hora

(Blank Generation – Richard Hell)

POR QUE ESTAMOS AQUI?

Deixe-me sair daqui antes mesmo de eu nascer.

Sinto-me pressionado a cumprir uma exigência existencial, e escolha jamais me foi sugerida.

O sentido à vida humana, a qual os outros dizem existir e, consequentemente, criam dogmas doentios para justificar suas pobres existências, ocasiona (o sentido) a contaminação da humanidade, que, ao longo do tempo, baseia-se em hipóteses não empíricas, legitimadas pela fé cega, cuja função primordial é anestesiar os temores triviais de qualquer pessoa. Como exemplo de angústias cotidianas, temos a célebre pergunta: "Por que estou aqui?"

Eu pertenço à Geração Vazia. Sem qualquer dogma ou imposição. Posso abrir mão a qualquer momento. De fato, sou o único membro desta Geração, afinal eu mesmo a criei. Minha singularidade define o argumento justificador do sentido que vejo da vida, ou da sua existência propriamente dita. O definhamento, invariável, rumo à putrefação, ou mais bem dito, à transformação de meus tijolos elementares, que já não comporão um ente vivo, mas sim manterão sua identidade elementar.

Meus argumentos, fomentados empiricamente, demonstram que o sentido da vida resume-se à hospedagem coadjuvante, dos elementos criados em Estrelas que já definharam também, porém espalharam os tais elementos, após suas explosões, no Universo, cuja realidade é a única que temos.

Esse processo longo, cujo determinismo conspirador prioriza a transformação de matéria e energia, que tampouco sobreviverão para sempre, pois também serão alvos do definhamento, regido pela entropia, reflete, no final das contas, o sentido que nossa realidade nos proporciona, sendo que, neste momento, transforma-nos em partes do Todo. No passado, fez-nos surgir do Nada. E futuramente nos conduzirá ao esquecimento temporal, ao definhamento, à putrefação!!!

Por favor, tire-me daqui antes mesmo de eu nascer. Por que não aceitamos nossa realidade e admitimos a nossa existência temporária? Por que não aproveitamos o curto tempo em que viveremos para cultivar a harmonia, o amor? Por que não nos preocupamos com o que de fato já sabemos: que estamos sós e que devemos nos unir? Por que preocupar-se com um sentido à vida que apenas agride, destrói e não existe? Por que nos tornamos tão egoístas?

"Por que estamos aqui???"

"Não deveríamos estar aqui!!!"

"Não merecemos estar aqui!!!"

22

Não há maior condenação do que viver eternamente, de modo que a eternidade não se enquadra aos que a ela aspiram, mas sim aos que promovem e difundem a rebelião intelectual, sendo esses últimos os verdadeiros condenados!!!

REFLEXÕES SOBRE A IMORTALIDADE

Imortal.

Denota-se dessa forma a inexistência da morte.

Portanto, o ser imortal existe, no espaço quadrimensional, e carrega consigo a seta temporal, cuja direção tende, invariavelmente, ao infinito.

De natureza punitiva, a vida imortal é desprovida da liberdade de escolha, afinal a maior das libertações da finitude é a morte propriamente dita!!!

A condenação perpétua à vida perpétua é sentenciada somente aos réus virtuosos, aqueles cujas decisões para com a realidade outorgam-se por meio de sua própria razão, oh, louvável guardiã!!!

Sendo assim, o homem decisivo não ostenta qualquer entidade autoritária; nega-se ao empréstimo de seus pecados, faz diferente: paga-os um a um até a eternidade, lugar no qual se contempla a intersecção das retas paralelas.

A audácia de pensar com a própria cabeça e decretar a morte do Deus daqueles que creem traz como consequência a ira dos medíocres, inquisidores fanáticos que tentam justificar a desesperança humana com base em devaneios e ilusões. A manifestação do "câncer social".

Diante disso, também fui sentenciado à imortalidade, com cumprimento imediato da pena.

Assim decretado, não me resta uma alternativa senão assistir, com o decorrer do tempo, à autopsia de cada um de vocês, vermes da Zona Oeste, com o fundo musical *Tocata e Fuga em Ré Menor*, de Sebastian Bach!!!

23.1

Poderia algo surgir do Nada?

Não seria mais interessante, poético e surpreendente contemplá-lo (o Nada) e observar a origem de tudo e todos a partir dele?

Se existe paternidade da humanidade, ela encontra-se em estrelas que já desapareceram.

DIANTE DO NADA

PARTE I – NÃO HÁ MÉRITO NA CRISTANDADE

Se alguém disser que encontrou escrita a frase "A mim o ódio eterno criou" cravada na porta do Paraíso, dirá uma verdade que conduz a uma mentira.

Não obstante, o peso moral que se encontra em uma hipotética frase cravada na porta do inferno, com os dizeres "a mim o amor eterno criou", é o mesmo, ou seja, também é uma verdade que conduz a uma mentira.

Em contrapartida, se alguém disser que foi testemunha da explosão de uma estrela supernova – astro que agoniza seus instantes finais queimando o elemento ferro e, durante sua explosão, sintetiza os átomos mais pesados até o seu limite, o Urânio-92 (quantidade de prótons) –, estará dizendo uma mentira que conduz a uma verdade.

Portanto, a cristandade, aquela vertente oriunda do judaísmo cuja herança baseia-se na falsificação da cultura israelita, e o seu militante, o cristão, desprezível ser cuja adoração tenta impor méritos à pobreza, à doença e à fraqueza, não passam de verdades que conduzem a mentiras.

Tampouco existem méritos na veneração de um moribundo pendurado em uma cruz; aliás, querer justificar esse ato ostentando o fato de o pai dele (Javé) permitir semelhante crueldade para com seu filho é absolutamente nefasto e delirante.

Alimentar crenças naquilo que não aconteceu, naquilo que é mentira, é adoração ao Nada.

Estar diante da cruz é estar diante do Nada!!!

Concluo a parte 1 deste ensaio refutando a veracidade a respeito da poeira estelar, cuja consequência faz-se com os resíduos resultantes dessas explosões em todo o Universo, acarretando o surgimento dos elementos químicos existentes na natureza; assim, se somos filhos de alguma entidade provedora de luz, este alguém são as estrelas.

23.2

A matemática, vista corretamente, possui não apenas verdade, mas também suprema beleza; uma beleza fria e austera, como a da escultura.

(Bertrand Russell)

PARTE II – SOBRE AS LEIS DA VERDADE

De natureza formidável, o deslocamento temporal, rumo ao futuro, inerte à minha vontade, elucida invariante elegância!

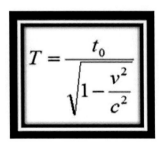

Figura 2 - A dilatação temporal

Belo e sublime, o postulado matemático da proporção entre o tempo e a velocidade uniforme transcende a mais entusiasta das representações artísticas.

É notável minha admiração pelas leis da verdade!

Fonte: o autor

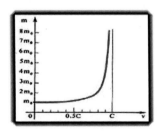

Figura 3 – Próximo a C, a massa tende a infinito

Ouso até mesmo violar a razão e considerar, por apenas um lapso temporal, minha capacidade de adquirir massa que tende sua quantidade ao infinito.

Fonte: o autor

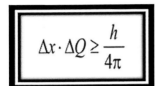

Figura 4 – O princípio da incerteza

Sendo assim, transformo a incerteza do Momento Linear ($\vec{Q} = \int m * dv$) da luz em uma harmônica oscilação helicoide estacionária.

Fonte: o autor

Sofro, portanto, uma metamorfose atemporal, e findo por contemplar o Nada!

23.3

Poderia haver algo antes do início?

Poderia o Nada ser instável a ponto de permitir o início do tempo?

O criador deu início à realidade, ou ele não passa de mais uma criação daqueles que não admitem a verdade?

PARTE III – O INÍCIO E O ANTES

Quando digo "Somos parte do Todo e surgimos do Nada", não estou fazendo uso da linguagem escrita apenas para expressar algum eufemismo, metáfora ou qualquer forma de idealismo, que perambula somente no mundo das ideias.

Faço muito... muito mais do que isso!!!

Faço uso da coesão entre os fonemas para contemplar a verdade, nada mais do que ela.

No entanto, se a existência teve um início, e realmente teve, o que foi necessário para que isso acontecesse???

Tempo!!! Isso mesmo. A expansão da dimensão temporal é o quesito primordial para algo existir.

Portanto, a grande explosão – o Big Bang – foi o instante no qual o tempo iniciou; sendo assim, René Descartes (DESCARTES, 1637) continuaria correto se dissesse: "Tempo, logo existo".

Continuando na linha do tempo dessa realidade, não muito distante da grande explosão cuja consequência deu-se com a inflação espacial da singularidade inicial, entra em cena o bóson de Higgs, partícula de força cujo campo de interação gerou massa nos elementares leptões e quarks, os quais uniram-se, posteriormente, para formar moléculas e até mesmo planetas e estrelas.

Contudo, se a massa foi criada após o início do tempo, o que poderia haver no primeiro instante de vida do Universo???

Se analisarmos a célebre equação E=MC2, perceberemos que Einstein descobriu que uma pequena quantidade de massa é proporcional a uma grande quantidade de energia, portanto essa última decifra o dilema.

A singularidade que antecedeu o início possuía uma tremenda concentração de energia instável, e foi dessa instabilidade que o Nada se transformou no Todo.

Em síntese, é necessário que exista instabilidade para que haja interação, seja ela qual for!!!

Não poderia encerrar este ensaio sem antes exaltar o que realmente importa: a aquisição de conhecimento, cujo acúmulo epistemológico aumenta exponencialmente com o passar do tempo.

24

A palavra de Deus é para mim nada, além de ser a expressão e produto da fraqueza humana.

(*Albert Einstein*)

FÉ: O CRUEL RETRATO DA MISÉRIA HUMANA

Deus Javé Jesus Maomé???

São com esses termos que os inúteis deste mundo conotam, ou melhor, denotam a mais repugnante materialização da miséria humana.

Portanto, os medíocres, aqueles cuja adoração alimenta as doentias representações divinas, resultando em deuses cujos seguidores, os crentes, dissipam-se em fanáticas facções religiosas, que em nome D`ele manifestam o ódio ao próximo mediante atos de terror!!!

Diante disso, o terrorismo religioso, iniciado pelos cristãos, com as cruzadas, persistindo nos dias atuais como uma prática comum e cotidiana, refinada em crueldade, após mil anos do seu respectivo exercício, reflete, a olhos vistos, quem são os culpados pela existência e pela perpetuação dos extremistas que atuam em nome de Deus:

Todos aqueles que possuem crenças são culpados.

Qualquer indivíduo que, de alguma forma, submete-se aos limites perimetrais da crença em algo divino, com ou sem religião, com maior ou menor intensidade, contribui com sua parcela de culpa para que pessoas cometam atrocidades umas com as outras em nome da fé!!!

A natureza cruel dessa última, a fé, e também de quem a pratica, é facilmente verificada quando a utilizam como um anestésico ao desespero humano; pois, apesar de ele atingir a qualquer um em algum momento da vida, o tal desespero tornar-se-á uma ferramenta destruidora em potencial quando induz portadores de *deficit* de inteligência. Não são capazes de raciocinar a respeito dele (o desespero) e precisam ser guiados a barbáries inimagináveis, inclusive em pleno século XXI.

Dessa forma, a ignorância foi, e continua sendo, a poderosa ferramenta para transformar o delírio em adoração, e quando os seres ignorantes adotam a crueldade, transcende a melhor denominação à fé: amoralidade.

Tais seres humanos, quando aliciados à adoração de deuses e afins, e quando estes também são desprovidos de inteligência, tornam-se incapazes de processar reflexão crítica. São amorais.

Podem matar, queimar, roubar, além de ocultarem-se sob alegações de perseguição étnica ou racial.

À vista disso, centenas de milhões de pessoas, seres desprezíveis que não são vítimas, e sim repugnantes, enquanto suas adorações a deuses e rituais ocasionam a atrofia de suas razões e os tornam, a cada um, sistemas fechados, cuja incapacidade de atingir a homeostase os faz sucumbir à invariável entropia: o repugnante surgimento do Caos!!!

Igualmente, a cruz é repugnante. Aliás, não vejo nada mais cruel do que aliciar crianças à adoração de um moribundo pendurado em uma cruz!!!

Concluo enfatizando o inerente desespero humano, cuja dolorosa transição faz aqueles que são fracos temerem a fria beleza das verdades e, assim, vivem ostentando delírios e ilusões: o fiel retrato da miséria humana, materializado na nefasta possibilidade de existir algum Deus.

25

*A natureza fez dos homens tão iguais, quanto às facul-
dades do corpo e do espírito, que, embora por vezes se
encontre um homem manifestamente mais forte de corpo,
ou de espírito mais vivo que outro, mesmo assim, quando
se considera tudo isto em conjunto, a diferença entre um
e outro homem não é suficientemente considerável para
que qualquer um possa com base nela reclamar qualquer
benefício a que outro não possa igualmente aspirar.*

(Thomas Hobbes)

REFLEXÕES TARDIAS SOBRE O FEDERALISMO

Autônomos.

Assim, deveriam ser os estados brasileiros, os quais compõem a suposta "República Federativa", cuja essência seria de natureza descentralizadora.

Inspirado no Pensamento Libertário iluminista, o Federalismo, de fato, proporciona a simetria social, isto é, desenvolve o equilíbrio entre as diversas comunas autônomas (estados ou províncias), tornando-as igualitárias em seus respectivos direitos, conciliando, assim, as diferenças sociais como: raças, religiões, ideias, costumes etc.

Bem diferente do que hoje vemos por aqui (no Brasil), a liberdade federativa implica a autonomia estatal; portanto cada unidade da Federação deveria possuir dogmas escritos próprios, como os códigos penais, civis e de trânsito; a receita tributária também seria individual, além de sua respectiva aplicação nos serviços públicos.

Cada Estado seria responsável pelo singular controle legislativo e tributário.

Assim, a responsabilidade pela igualdade entre as Províncias ou Estados é de cada unidade, ao invés da irresponsável União centralizadora, falida e autoritária.

Soberano, o Pensamento Libertário dos iluministas do século XVIII reconheceu que a única solução para governos usurpadores, como o PT, e para as massas populares que idolatram esses últimos, como as do Norte e do Nordeste, é a instituição da Federação, cuja expressão, na prática, traduz a dignidade humana.

Como contemplou Thomas Hobbes, filósofo do século XVII cuja descrição sobre as pessoas baseia-se no egoísmo, guiado pelo medo da morte e pela esperança do ganho individual, reflete a necessidade de partilha desses objetivos pessoais em sociedades não muito numerosas, as quais abrem mão da liberdade individual absoluta, desde que os outros façam o mesmo, pelo bem do Contrato.

É evidente que um país como o Brasil, extenso em território e de vasta população, que, em média, é pouco instruída e que possui interesses regionais discrepantes, fato que alimenta os regimes autoritários, como é o nosso, permite que tais ditadores controlem os inúmeros integrantes medíocres, por meio da perpetuação no Poder!!!

Finalizo com a exposição de meu Pensamento Libertário, que também não vislumbra uma alternativa senão instituir o Federalismo.

Poderíamos dar início dividindo o Brasil em cinco regiões autônomas: Norte, Nordeste, Centro-Oeste, Sudeste e Sul.

O que vocês acham???

26

Eu sou o caminho, o sábio de todos os rebanhos, afinal intitulo-me o deus das escrituras.

Estou acima de qualquer deus.

Acima dos seus deuses, os quais a mim devem obediência!!!

SOBRE DEUSES FRUSTRADOS
(Ensaio sobre a subjetividade)

Os gregos da Antiguidade, os quais aparentavam possuir crenças espirituais mais evoluídas que as atuais, concebiam seus deuses com características semelhantes aos homens; portanto, eles, os deuses, eram passíveis de erros e não ditavam a forma como os homens deveriam se comportar.

De fato, os pensadores gregos não renunciavam à razão como poderosa justificadora da fé espiritual!!!

Atualmente, as crenças significativas, aquelas em que rebanhos humanos obedientes a elas utilizam-se da adoração com base na fé cega, ou melhor, com base em dogmas desprovidos de inteligência ou crítica racional, compõem as facções judaico-cristãs e as islâmicas, sendo estas, pois, autoritárias nos valores morais de suas respectivas sociedades.

Dessa forma, impõem a todos a vontade de seus deuses; portanto, nações islâmicas matam crianças, ditas inimigas, em nome de Deus; cristãos obrigam cidadãs, vítimas de estupro, a dar à luz os fetos gerados no ato da violência, citando apenas alguns exemplos de métodos que não são aprovados por todos.

Não obstante, as leis espirituais, cujas diretrizes não são baseadas na razão, classificam-se, portanto, em dogmas subjetivos, com pontos de vista discrepantes quando analisados por diferentes pessoas.

Aliás, a subjetividade caracteriza, absolutamente, os inúmeros deuses que perambulam pelas diferentes facções, que a Eles submetem adoração; assim, qualquer facção espiritual não merece a faculdade de julgar outras doutrinas.

Ainda sobre a subjetividade, posso convicto discursar a respeito da singularidade de cada ser humano. Sendo assim, jamais saberemos, com certeza, como cada indivíduo reage à sua particular interpretação da realidade.

Seria como realizar uma analogia da seguinte forma: cada pessoa é um universo singular, unitário, compreendido, na sua plenitude, apenas pelo agente hospedeiro, ou seja, pelo próprio indivíduo!!!

Esse aglomerado de universos singulares, ou melhor, esse multiverso, em que a liberdade de escolha atinge, univocamente, cada um de seus inúmeros integrantes, faz com que eu escolha, no meu Universo, um Deus similar aos deuses gregos, que relatei no primeiro parágrafo, com falhas e desprovido de autoritarismo. Esse Deus sou eu mesmo!!!

Em caráter de Deus, faço do meu jeito, atuo no meu universo, sendo este, porquanto, dependente da razão. Como qualquer outro, considero-me o melhor dos deuses, melhor do que os deuses de vocês. Tratando-se da subjetividade, creio naquilo que acredito, como outros crentes.

"EU SOU O CAMINHO, O SÁBIO DE TODOS OS REBANHOS."

27.1

Seria a realidade uma ilusão?

Seria tudo o que nossos sentidos podem interpretar um mero devaneio, fruto da concepção singular de cada um?

O que dizem os mestres da ontologia (estudo do ser), como Arthur Schopenhauer, a respeito da realidade?

E o que dizem os mestres da verdade, como Galileu, Newton, Leibniz e Einstein, a respeito?

REFUTAÇÕES MATEMÁTICAS À FILOSOFIA DE SCHOPENHAUER
PARTE I – INTRODUÇÃO

Arthur Schopenhauer introduziu ao mundo o seu pensamento por meio da obra *O Mundo como Vontade e Representação*.

Neste ensaio, farei um breve relato sobre seu pensamento, refutando-o, nas partes II e III, com base no Cálculo Diferencial; para isso, utilizarei o coletivo de objetos inanimados, como cadeiras, para elucidar os conceitos que aqui defenderei.

O mundo das formas representadas idealiza o si das coisas, ou seja, são representações esteticamente perfeitas de objetos cuja existência no mundo real não superam os limites da imperfeição. Tais objetos de sublime perfeição estética existem apenas no mundo das ideias, como representação atemporal de sua forma. A ausência de tempo desses moldes ideais não está ao alcance da razão.

O mundo como vontade materializa a coisa em si, isto é, as formas esteticamente perfeitas de uma cadeira, por exemplo, atingem o mundo real a partir de suas instâncias no tempo, imperfeitas, com identidades únicas, afinal possuirão características individuais, como cor e material de fabricação singulares; elas existem como objetos do mundo real, por um lapso temporal, com base na razão. Após curta existência no mundo real, baseada na vontade, retornam ao mundo das ideias, perfeito e atemporal.

De acordo com o que já expus, o mundo como forma de representação tende seu tempo a zero; assim, simularei um evento no qual uma cadeira, em repouso na superfície da Terra, desloca-se em relação à Lua, com período de um dia lunar. Detectarei sua velocidade instantânea em algum ponto da trajetória, com a variação de tempo tendendo a zero; mediante o Cálculo Diferencial, provarei a atemporalidade do mundo das representações de Schopenhauer.

27.2

Apresento-lhes a mais entusiasta representação artística cuja beleza, fria e austera, possibilita a refutação do absurdo: a Matemática, oh, louvável reflexo da verdade!!!

PARTE II – AS REFUTAÇÕES PROPRIAMENTE DITAS

Como exposto na parte I deste ensaio, o mundo como representação, a partir do referencial niilista de Schopenhauer, idealiza as formas perfeitas dos objetos dos quais a vontade humana promove a instância no tempo, através de versões imperfeitas e reais.

Ele, Arthur Schopenhauer, foi um dos mestres da ontologia (estudo do ser); no entanto, as refutações matemáticas que farão parte das partes II e III serão atribuídas aos mestres da epistemologia matemática.

Tratando-se do estudo dos movimentos dos corpos, dou início à explicação com o notável Galileu Galilei, o qual descreveu os movimentos de tais corpos por meio da Cinemática, logo a equação da velocidade média se dá da seguinte forma:

$$Vm = \frac{\Delta s}{\Delta t}$$

Vm = velocidade escalar média;

Δs **= variação de espaço;**

Δt **= variação de tempo.**

Porém a explicação para a velocidade deveria atingir um lapso de instante através da velocidade instantânea, portanto Newton e Leibniz desenvolveram os conceitos matemáticos de numerador e denominador tendendo a zero e infinito mediante o Cálculo Diferencial Integral. Sendo assim:

$$V = \lim_{\Delta t \to 0} \frac{\Delta s}{\Delta t} = \frac{ds}{dt}$$

Figura 5 – O gráfico da velocidade instantânea

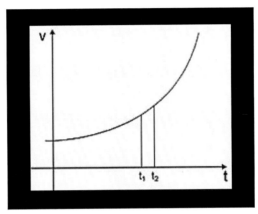

Fonte: o autor

Desse modo, à medida que o tempo Δt aproxima-se de zero, a velocidade instantânea tende a infinito, como mostra o gráfico.

Se, nesse caso, a cadeira como representação perfeita, no mundo das ideias, atingir velocidade tendendo ao infinito, desde a superfície terrestre em relação à lua, o tempo vai se tornar simultâneo entre vários referenciais; ele estacionará e tenderá a zero.

De acordo com a relatividade, o tempo jamais poderá ser simultâneo ou estacionário no mundo real.

Finalmente, concluo que o mundo como representação perfeita e ideal de Schopenhauer é atemporal, ausente do mundo real.

27.3

Senhores, silêncio no recinto, eis a verdade diante dos seus olhos, nua e crua; na sua representação mais sublime: O Cálculo Diferencial, de Leibniz...!!!

PARTE III – REFUTANDO MATEMATICAMENTE A VONTADE

Nesta terceira e última parte deste ensaio, discursarei a respeito da possibilidade de refutar matematicamente a dita vontade, assim como a concebeu Arthur Schopenhauer.

Portanto, a vontade niilista faz o sujeito que percebe um objeto, por meio de seus sentidos, dar vida à sua percepção singular do mundo real, mediante concepções imperfeitas de tais objetos que, como representação, são esteticamente perfeitos, oriundos do mundo das ideias, que é atemporal.

Grosso modo, tal vontade gera um lapso de instância no tempo em que a forma do objeto, agora pertencente ao mundo real, não supera os limites da imperfeição, fato característico dos preconceitos humanos, originados na codificação que os sentidos desses sujeitos são capazes de fornecer.

Meu trabalho neste ensaio é propiciar um postulado matemático não empírico, no qual a razão humana, pode ao menos, dar-se ao trabalho de questionar o que aqui é defendido.

Pois bem, iniciemos então a tese.

Como já exposto, farei uso de uma cadeira como objeto, a qual permanece em repouso sobre a superfície terrestre e movimenta-se em uma trajetória circular em relação à lua, com período de um dia lunar.

Farei um ensaio em que o tempo de permanência no mundo real dessa cadeira aproxime-se da eternidade, para que logo em seguida a vontade humana possa perpetuar a existência desse objeto, atingindo os princípios que regem a razão e a tornem um objeto constante no mundo real:

$$V = \lim_{\Delta t \to \infty} \frac{\Delta s}{\Delta t} = \frac{ds}{dt}$$

Como implícito na equação, se o tempo tende a infinito, a velocidade da cadeira tende a zero, tornando-se desprezíveis quaisquer dilatações de tempo ou massa em relação a outros referenciais na Terra. De modo que vontades inclusas nos limites perimetrais da razão existem não apenas como referências singulares de cada sujeito que as concebe, mas sim como representação concreta da verdade, disponível à apreciação de todos.

Deixando o mundo das ideias no seu devido lugar: a subjetividade.

28.1

Quando apontamos o dedo ao Poder Público e sempre o condenamos pelo fiasco "tupiniquim", enquadramo-nos na categoria dos regimes loucos!

A AÇÃO DIRETA

PARTE I – POR QUE ELA É NECESSÁRIA

E, no final das contas, qual foi o legado deixado pelos cordões humanos que, por meio dos protestos, iniciaram a organização popular há poucos meses (junho de 2013)???

Na prática, tal legado diluiu-se com o tempo.

Diante disso, nós, os brasileiros, integramos uma "sociedade disléxica", incapaz de aprender com seus erros; incapaz de exercer a cidadania.

Portanto, o verdadeiro legado construído no Brasil, iniciado há mais de 500 anos, resume-se na vangloriação da pobreza e da ignorância.

Fatos que impossibilitam a construção de uma Nação propriamente dita!!!

De modo que as sociedades verdadeiramente organizam-se nas vias de fato, mediante as aspirações iluministas, cuja base admite, obrigatoriamente, a liberdade individual (direitos civis), o Sufrágio Universal (o voto) e o Federalismo (descentralização); esses componentes são indispensáveis na materialização do ideal democrático.

Considero avassalador o conceito brasileiro de se adaptar ao lixo, isentando-se sempre das responsabilidades civis, atribuindo a culpa pelo que somos a fatores externos; quando apontamos o dedo ao Poder Público e sempre o condenamos pelo fiasco "tupiniquim", enquadramo-nos na categoria dos regimes loucos.

É inútil, por aqui, interpretar nossa constituição, a qual é clara na conotação Estado-povo, isto é, o povo é o Estado, e o Poder Público é o exercício ativo do povo, pelo método representativo.

Contudo nada no Brasil funcionará, afinal a causa e o efeito do desenvolvimento de qualquer Estado soberano independe da forma de governo ou Estado; é, entretanto, diretamente dependente dos indivíduos que a constituem.

Sendo assim, jamais as sociedades contextuais, como a nossa, comporão o desenvolvimento, característica essa restrita aos que, sim, atuam de forma contratual.

Diante do que foi exposto, não resta uma alternativa ao Brasil senão utilizar um conhecido, porém necessário, mal libertador: A AÇÃO DIRETA.

28.2

A Anarquia como ideal a seguir evolui o homem, mesmo que apenas uma pequena fração dela se torne real.

(Samuel Delmonte)

Entre um governo que faz o mal e o povo que o consente, há uma certa cumplicidade vergonhosa.

(Victor Hugo)

PARTE II – AS VIAS DE FATO

Como foi exposto na Parte I deste ensaio, a sociedade brasileira padece da agonia, que é fruto de uma doença social terminal.

Tal sociedade, que possui uma esfera estatal louca, cujos sintomas se materializam, claramente, diante da corrupção banalizada, ou diante da pobreza que se torna reflexo de dignidade, refutada nas cruéis doutrinas cristãs, faz com que o povo brasileiro sofra do eterno subdesenvolvimento, com improvável recuperação.

Portanto, não há uma alternativa senão eliminar o Contrato; é necessário instituir a soberania do poder individual por meio da ação direta, visto que essa última caracteriza-se pela busca dos objetivos individuais e coletivos, pelas suas próprias mãos, ao invés de utilizar a corrompida representação republicana.

De forma temporária, nada será mais soberano do que o poder individual; as hierarquias não existirão!

É verdade que o problema independe da natureza dogmática da constituição ou das leis escritas, mas sim no fato de a sociedade brasileira ser totalmente amoral, no obrigatório processo evolutivo de tornar suas legislações dogmas não escritos.

De natureza intelectual, a desobediência civil é de responsabilidade dos virtuosos (os melhores), que devem possuir também a coragem para tal.

Os outros que restaram são, em geral, apenas rebanhos não confiáveis, incapazes de formar cordões populares coesos.

Concluo enfatizando o total desvínculo que existe entre a Ação Direta Anárquica e os devaneios dos socialistas e comunistas, que não passam de ditadores autoritários quando estão no poder!!!

29

Partindo do pressuposto de que as leis físicas são as mesmas em qualquer parte do Universo, se fosse possível o contato de humanos com extraterrestres, o que para mim seria impossível, o idioma ou a linguagem de comunicação entre ambos seria a Matemática.

AFINAL, O QUE É A MATEMÁTICA?

Derivado da razão pura, o raciocínio matemático, inerte à observação, configura uma linguagem.

Assim como os diversos idiomas que retratam as mesmas coisas com caracteres diferentes, a Matemática pura é a versão linguística dos seres humanos para formular hipóteses a respeito dos eventos da natureza que existem ou poderiam existir.

Essa linguagem, que a priori faz referência aos objetos do mundo real na forma de abstrações, postuladas no interior da razão, é validada como verdade quando é observada e experimentada.

Portanto, a Matemática, como doutrina realista, existe independentemente da vontade humana e até mesmo inerente à própria existência humana.

Se fosse possível o contato humano com extraterrestres, o idioma de comunicação seria a Matemática, afinal, e como já foi dito, ela (a Matemática) existe, e as leis físicas são as mesmas em qualquer ponto do Universo.

De caráter dinâmico, as matemáticas sofrem modificações e aperfeiçoamentos de acordo com as necessidades progressivas da humanidade.

Na verdade, a evolução matemática não reduz a quantidade de perguntas sobre como funciona a realidade; pelo contrário, na proporção inversa, a busca pelos segredos da natureza abre portas para novos questionamentos que até então permaneciam desconhecidos.

Não sabemos se algum dia nós, os humanos, encontraremos respostas para todas as perguntas referentes ao mundo no qual vivemos, ou se as incertezas serão impostas infinitamente.

Assim como a nomenclatura dos números reais não suporta o paradigma de raízes quadradas negativas,...

$$\sqrt{-4}$$

...podemos abstrair novos conceitos e postular uma solução não empírica; portanto, ao considerar o Universo dos números complexos, teremos: $i^2 = -1$; resulta na solução possível:

$$\sqrt{-4} = \sqrt{-1 * 4} = \sqrt{-1} * \sqrt{4}$$
$$i^2 = -1$$
$$\sqrt{4 * i * i} = 2i\sqrt{-4} = 2i$$

Desse modo, a modelagem matemática, que primeiro existe no mundo das ideias, materializa-se como justificadora da realidade, mediante o empirismo e a observação, revelando o modo elegante como a humanidade codificou a compreensão do mundo à sua volta.

30.1

O dia em pararmos de nos preocupar com consciência negra, amarela ou branca e nos preocuparmos com consciência humana, o racismo desaparece.

(Morgan Freeman)

DISCURSO SOBRE A MORAL

PARTE I – A CENSURA

Quando digo que, em geral, os pobres ou aqueles operários que ostentam bandeiras socialistas não passam de desprezíveis seres invejosos e ressentidos, isso configura, desde minha articulação fonética, preconceito?

Agora, se eu disser que aqueles cujas exigências são baseadas no fato de suas peles não realizarem a difusão da cor branca são igualmente desprezíveis, preguiçosos, extremamente corruptos e incompetentes, isso configura, desta vez, racismo?

No entanto, e se os conceitos relatados acima, que são oriundos de minha opinião, forem refutados na atual conjectura brasileira (2013), com um índice de pobreza distante da erradicação em razão das suas proporções patéticas?

Por motivos que priorizam a preservação do meu direito de ir e vir, farei diferente. Já censurado, de uma forma ou outra, utilizarei da visão de mundo daqueles que conotam, a si próprios, como os desfavorecidos, os mesmos cuja voz exalta a opressão imposta, a eles, pela elite. Desse modo, vou denominá-los, neste ensaio, de "os Escravos"; em contrapartida, a outra vertente, a referenciada como "a Aristocracia" ou "a Elite", a opressora, será, por mim, denominada de "os Nobres".

Espero, expressando-me dessa maneira, não ser acusado de infringir qualquer artigo do dogma penal.

Aqui finalizo a primeira parte deste ensaio. Adiante, na parte II, farei uma autocrítica; nas partes III e IV, farei uso da linguagem escrita para definir a moral do escravo e a do nobre, respectivamente.

Para isso, não estarei só. Através da inspiração niilista, estarão presentes, durante a confecção deste ensaio, o pensamento vivo de Schopenhauer (SCHOPENHAUER, 2005) e Nietzsche (NIETZSCHE, 2013). Ambos serão de grande valia ao seguimento deste trabalho.

30.2

A Demagogia é a capacidade de vestir as ideias menores com palavras maiores.

(Abraham Lincoln)

PARTE II – A AUTOCRÍTICA (Minhas tormentas morais)

Quem sou? Ou melhor, quem algum dia fui?

Sou o autor ou a personagem?

Talvez minhas vontades existenciais recaiam sobre ambos; no entanto, a minha obra, idealizada, faz dessas aspirações equivalências abstratas, as quais perambulam, circunstancialmente, no mundo das ideias de Platão (A ATUALIDADE..., 2018).

De fato, utilizo a demagogia para usufruir de uma satisfação irreal, embora a incorporação do demagogo, oh, louvável atributo, cuja premiação se dá através do poder do discurso, faça uma síntese entre os fonemas, que soam, a priori, como coesos e coerentes, mas são, de fato, conflitantes entre si. Que importa!

A literatura niilista proporciona a perda de memória daquilo que fui, ou até mesmo daquilo que fiz.

E muito, muito mais do que isso: o pessimismo faz com que eu perca a habilidade de desconstruir o ontem, cujos destroços, já irreparáveis, manifestam-se hoje e resultam que este dia não possua o amanhã!

Portanto, desperto-me dos meus sonhos, para o pesadelo real e consciente, e a realidade mostra-se por meio do descontrole do qual padeço e o respectivo desperdício que fiz dela, a minha vida.

Pergunto-me, atualmente, onde está a motivação para o resgate do que sou e um sentido que o promova.

Demônios!!! Não há sentido para isso! Nunca houve!

Afinal, acredito apenas naquilo que está ao alcance da minha razão e no inevitável definhamento que essa crença trará.

Assim espero!!!

30.3

Só se pode alcançar um grande êxito quando nos mantemos fiéis a nós mesmos.

(Friedrich Nietzsche)

PARTE III – A MORAL DO ESCRAVO

A moral é o meio pelo qual a ética (conjunto de valores) é posta em prática; por meio de tais valores, o indivíduo torna-se, hipoteticamente, capaz de diferenciar ações corretas das ações não corretas.

No entanto quem, ou o que, define quais são as atitudes virtuosas e quais não são?

Os fracos e medíocres constroem seus valores com base na moral preestabelecida, com valores que são característicos de sua época em exercício, e também por influência de sua respectiva sociedade. Inexiste nesses seres a coragem para realizar, individualmente, uma análise crítica singular sobre determinada situação que resultaria na mesma encruzilhada que os faria decidir seguir o caminho correto ou não.

Tais seres são incapazes de pensar com suas próprias cabeças; tampouco são corajosos o bastante para lidar com as angústias triviais a respeito da existência. Buscam a felicidade para deixarem de pensar, afinal esse atributo (o ser feliz) não está presente naqueles que são adeptos à arte de pensar.

Os fracos de caráter, desprovidos de virtude, dependem dos estímulos externos para discernir entre o bem e o mal; precisam crer em delirantes absurdos, tais como deuses, livros sagrados, messias e opiniões alheias para, de fato, serem guiados como rebanhos, por seus pastores de cajado na mão!

Portanto, esses humanoides, mais parecidos com marionetes vivas, são escravizados por aqueles que se intitulam como os detentores da moralidade; logo, observa-se nos indivíduos que necessitam de guias, ausência de liberdade. São os escravos da moral alheia. Os "vira-latas" da espécie *homo sapiens.*

Finalmente, concluo sobre aqueles cuja moral não se baseia em si, como a coisa em si, mas em decorrência da vontade e opinião do outro; eles não passam de escravos. Não há dúvidas que são portadores da moral escrava.

30.4

A felicidade mora onde não existe o livre-arbítrio.

São felizes aqueles cuja liberdade de pensar com a própria cabeça inexiste.

A felicidade faz os felizes esqueceram as verdades, preferindo, pois, as mentiras.

PARTE IV – OS DE MORAL NOBRE

Qual filosofia define o indivíduo de moral nobre senão a sua rebelião intelectual?

O que seria mais nobre do que possuir o seu próprio entendimento ontológico, sendo ciente de si próprio, dos seus valores e de suas misérias?

Quem seria mais nobre de moral senão aquele cuja representação do mundo é singular?

O nobre vislumbra sua nobreza em si próprio, na cor de seus cabelos, na sua origem, nos seus caracteres adquiridos por meio de uma aleatória combinação gênica, a qual determina a perpetuação misteriosa do gene egoísta.

De modo que aqueles cuja arrogância refuta-se em si próprio, e nos seus princípios, são os virtuosos de caráter. Melhor do que o ser que se baseia em uma humilde resignação dos fatos.

Não obstante, aquele virtuoso capaz de modificar seus próprios conceitos quando estes já não mais vigoram é, todavia, mais nobre.

Em contrapartida, os nobres sofrem com a inveja dos de moral escrava, afinal essa condição última (a escrava) define todos aqueles cuja moral tem origem no ressentimento invejoso de tudo daquilo (material, fisiológico) que não possuem. Mas sim os nobres; segundo os invejosos!

Não poderia encerrar este ensaio sem antes exaltar os de moral nobre! Seres que encontram apenas um sentido à vida. Aquilo que de fato faz sentido.

A arte de pensar e viver para isso.

"Viva a Anarquia!!!

Viva o Pensamento Anarquista!!!

Viva a Juventude Libertária!!!"

EPÍLOGO

*Para deparar-se com o Mal, basta olhar para outra
pessoa, ou, olhar para o espelho.*

(*Luiz Felipe Ponde*)

A DESORDEM (ENTROPIA)

Eu costumava dizer:

— Tire-me daqui antes mesmo de nascer! Afinal, pertenço à Sociedade Vazia, cujo desespero acerca do "naufrágio da existência" faz das minhas mentiras um breve alívio para suportar a mim mesmo.

O niilismo, cuja definição é a "descrença absoluta", ou até mesmo a inexistência de qualquer crença, faz do meu reflexo no espelho a imagem da insignificância da existência, cuja necessidade única é a morte e o seu respectivo esquecimento temporal.

Minha razão sabe que o abismo niilista é inevitável; ela percebe que sua lógica (da razão) é o vazio.

Nosso destino é o mesmo daquele que recaiu sobre o "Planeta dos Insetos" de Nietzsche.

Esses insetos nietzschianos possuíam um vasto conhecimento que se perdeu no vazio quando eles foram pulverizados.

Da mesma forma, não há dúvidas a respeito das nossas existências, afinal também seremos pulverizados, e o Universo continuará expandindo seu vazio. Esse Universo Elegante esquecerá de quem, algum dia, fomos.

A lei entrópica diz que houve ordem no passado; no entanto, diz também que nosso futuro será uma caótica Desordem; a entropia é invariável e inerente às nossas vontades.

Portanto, podemos aceitar essa verdade, ou fugir dela, entorpecendo-nos com triviais absurdos humanos.

Logo, a irracionalidade biológica, cuja ignorância cicatriza a úlcera da desesperança, com base em absurdos, submerge seus adeptos a uma falsa felicidade.

Na polaridade oposta, à qual pertenço, cuja essência relativiza o niilismo e faz com que minhas verdades possibilitem que meu discurso seja coeso nas entrelinhas; no entanto, incongruente no seu contexto como um todo, trazendo à tona o que somos.

De modo que o encontro com o Mal se faz quando olho para outra pessoa, ou quando olho meu reflexo no espelho.

É a essa Desordem que meu discurso se refere.

REFERÊNCIAS

A ATUALIDADE das ideias de Platão. **Planeta Educação**, 17 out. 2018. Disponível em: https://www.planetaeducacao.com.br/portal/inspiracao/a/191/a-atualidade-das-ideias-de-platao. Acesso em: 2 dez. 2020.

ABRAHAM Lincoln. **Citações e Frases Famosas**, 2019. Disponível em: https://citacoes.in/citacoes/596802-abraham-lincoln-a-demagogia-e-a-capacidade-de-vestir-as-ideias-men/. Acesso em: 1 dez. 2020.

BIOGRAFIA de Idi Amin, ditador brutal de Uganda. **Greelane**, 13 maio 2019. Disponível em: https://www.greelane.com/pt/humanidades/hist%C3%B3ria--cultura/biography-idi-amin-dada-43590/. Acesso em: 1 dez. 2020.

BIOGRAFIA de São Francisco de Assis. **Pensador**, 2019. Disponível em: https://www.pensador.com/autor/sao_francisco_de_assis/biografia/. Acesso em: 1 dez. 2020.

BLANK Generation. Intérprete: Richard Hell And The Voidoids. Compositor: Richard Hell. *In*: BLANK Generation. Compositor: Richard Hell. Intérprete: Richard Hell And The Voidoids. [*S. l.*: *s. n.*], 1977.

DARWIN, C. **The Origin of Species.** [*S. l.*]: Penguin Classics, 1985.

DE ROTTERDAM, E. **Elogio da Loucura.** [*S. l.*: *s. n.*], 1511. Disponível em: https://books.google.com.br/books/about/Elogio_da_loucura.html?id=qzuZDwAAQBAJ&printsec=frontcover&source=kp_read_button&redir_esc=y#v=onepage&q&f=false. Acesso em: 1 dez. 2020.

DESCARTES, R. **Discurso sobre o Método.** [*S. l.*: *s. n.*], 1637.

EINSTEIN, A. **Notas Autobiográficas.** [*S. l.*: *s. n.*], 2019.

EMBAIXADA DA RESISTÊNCIA. Morgan Freeman e a "consciência negra". 2006. (1m01s). Disponível em: https://www.youtube.com/watch?v=J6SCXbl6BEk&feature=emb_title. Acesso em: 1 dez. 2020.

FEYNMAN, R. P.; LEIGHTON, R. B.; SANDS, M. **The Feynman lectures on physics:** quantum mechanics. Reading, MA: Addison-Wesley, 1964.

FRASE de Thomas Hobbes. **Frases Famosas,** 2013. Disponível em: https://www.frasesfamosas.com.br/frase/thomas-hobbes-a-natureza-fez-os-homens-tao-iguais/?utm_source=internal&utm_medium=link&utm_campaign=phrase_snippet_readmore. Acesso em: 1 dez. 2020.

GALILEI, G. **O Diálogo:** sobre Dois máximos sistemas do mundo Ptolomaico & Copernicano. São Paulo: Discurso Editorial, 2001.

HEISENBERG, W. [1927]. The physical content of quantum kinematics and mechanics. Traduzido por J. A. Wheeler e W. H. Zurek. *In*: WHEELER, J. A.; ZUREK, W. H. (ed.). **Quantum Theory and Measurement.** Princeton: Princeton University Press, 1983. p. 62-84.

IMAGINE. Intérprete: John Lennon. *In*: LENNON, J. Imagine. [Compositor e intérprete]: John Lennon. [*S. l.*]: Apple, 1971.

KAPLAN, D. E. Uma histórica tomada de reféns revisitada. **The Jerusalem Post**, 3 ago. 2006. Disponível em https://www.jpost.com/features/a-historic-hostage-taking-revisited. Acesso em: 1 dez. 2020.

KRAUSE, D. **O gato de Schrödinger não está vivo e morto antes da medição:** sobre a interpretação dos resultados quânticos. [*S. l.*], 2015. Disponível em: http://lna.unb.br/lna_n01_08_dkrause.pdf. Acesso em: 1 dez. 2020.

LAUREANO, R. G. M. Democracia: entre a igualdade e o egoísmo. **Rev. bras. Ci. Soc.**, v. 33, n. 98, São Paulo, maio 2018. Disponível em: https://www.scielo.br/scielo.php?script=sci_arttext&pid=S0102-69092018000300701&lng=pt&tlng=pt. Acesso em: 1 dez. 2020.

LESSA, J. R. Gottfried Leibniz. **Infoescola**, 2018. Disponível em: https://www.infoescola.com/biografias/gottfried-leibniz/. Acesso em: 1 dez. 2020.

NEWTON, I. **Principia:** Princípios Matemáticos de Filosofia Natural. São Paulo: Edusp, 2018.

NIETZSCHE, F. **A genealogia da moral.** Petrópolis: Editora Vozes, 2013.

PONDÉ, L. F. **Do pensamento no deserto:** ensaio de Filosofia, Teologia e Literatura. São Paulo: Edusp, 2009.

PRA NÃO DIZER QUE NÃO FALEI DAS FLORES. Intérprete: Geraldo Vandré. Compositor: Geraldo Vandré. *In*: VANDRÉ, G. Pra não Dizer que não Falei das Flores. Intérprete: Geraldo Vandré. [*S. l.*]: Som Maior, 1968.

RODRIGUES, N. Governo de Emílio Médici. **Infoescola**, 2016. Disponível em: https://www.infoescola.com/historia-do-brasil/governo-de-emilio--medici/. Acesso em: 1 dez. 2020.

RUSSELL, B. [1927]. **An outline of philosophy.** London: Routledge, 1996.

SCHOPENHAUER, A. **O Mundo Como Vontade e Como Representação.** São Paulo: Unesp, 2005.

SILVA, D. N. O que foi o AI-5?. **Brasil Escola**, 2020a. Disponível em: https://brasilescola.uol.com.br/o-que-e/historia/o-que-foi-ai-5.htm. Acesso em: 1 dez. 2020.

SILVA, D. N. Neil Armstrong. **Mundo Educação**, 2020b. Disponível em https://mundoeducacao.uol.com.br/historiageral/neil-armstrong.htm. Acesso em: 1 dez. 2020.

STEVENSON, W. **90 Minutes at Entebbe:** The Full Inside Story of the Spectacular Israeli Counterterrorism Strike and the Daring Rescue of 103 Hostages. New York: Simon and Schuster, 2015.

VICTOR H. **Pensador**, 2015. Disponível em: https://www.pensador. com/frase/Mzc3MzAy/#:~:text=VICTOR%20HUGO%3A%20Entre%20 um%20governo,consente%2C%20h%C3%A1%20certa%20cumplicidade%20 vergonhosa. Acesso em: 1 dez. 2020.

YITZHAK R. Life History. **The Knesset**, 2014. Disponível em https:// knesset.gov.il/rabin/eng/RabEng_Bio.htm. Acesso em: 1 dez. 2020.

YONI, um herói idealista. **Morashá**, set. 2001. Disponível em: http:// www.morasha.com.br/historia-de-israel/yoni-um-heroi-idealista.html. Acesso em: 1 dez. 2020.